恐慌目前!

The Impending Economic Collapse

2年以内に80%の確率で
やってくる!!

浅井隆

第二海援隊

プロローグ

すべての株を今すぐ売り払え!!

戦後八〇年のアメリカの庇護《ひご》下における安全と安定が、音を立てて崩れようとしている。あのトランプ大統領が、すべてをぶち壊そうとしているのだ。その最初の〝犠牲者〟こそ「株価」だ。すでに、米ナスダックが音もなく崩れ始めた。世界大恐慌の幕開けだ。いよいよ、最後の審判が下ろうとしている。あなたは備えなければならない。持っている株は、今すぐ売り払え！　銀行に走れ!!　そして「オレのカネを出せ」と窓口で言うのだ。

特に危ないのが、日本の銀行の外貨預金だ。つまり「米ドル預金」のことだ。なにしろ、円預金と違って預金保険制度の対象外なので、何かあったらお終《しま》いだ。米ドル預金（国内）は、今すぐ全額解約だ。恐慌や国家破産で一番危険な目に遭《あ》うのが、「銀行預金」なのだ。私自身も三月上旬の段階で、ほとんどの円預金と米ドル預金をおろして「米ドル現金」「円現金」「ダイヤ」「腕時計」「美術品（絵、つぼ、その他）」に換えた。こうしたことを素早く実行した者だけが生き残れる。

ついに八〇年、あるいは一〇〇年振りの歴史の復讐《ふくしゅう》劇が始まった。この巨大津波は、もはや誰にも止められない。津波に襲われたら、わき目も振らずに一番近い山へ登るしかないのだ。

しかし、どんな時にも生き残る方策はあるし、むしろ危機を逆手にとって大チャンスに変えるノウハウもあるのだ。それは本書の後半に登場するので、楽しみに読み進めていただきたい。

二〇二五年三月吉日

浅井　隆

追記：ただし、株価（日経平均）は二〇二五年三月一九日時点から見て、一旦は上昇する可能性が高い。さらに可能性は低いが、もし石破が退陣して高市政権が誕生したら、すさまじいばら撒きと金融緩和をやるので、日経平均は一時的に急上昇し、まさかの五万円超えもあるかもしれない。大暴落はいずれにしてもその後だ。

つまり、すぐに大暴落がやってくるわけではなく、一時的上昇の後にやってくる可能性が高い。その上昇にだまされると大火傷《おおやけど》をすることになる。もし大きく上昇したら、飛びつき買いをするのではなく、天井をうまく見極めて売りを実行するのはいい考えだ。

恐慌目前！――――目次

プロローグ
すべての株を今すぐ売り払え!! 2

第一章　一〇〇年に一度の大崩壊が迫っている!!
ニューヨークで感じた「狂騒の二〇年代」（壮大なバブル） 11
「株は超長期で見れば上がる」が、目先は「大崩壊」に備えよ!! 17
〝一〇〇年に一度の大崩壊〟が迫っている!! 24
トランプvs債券自警団 35
米国株は「失われた一〇年」に突入も 43
中国発の大恐慌も射程圏内 47
まずは生き残れ！　儲けるのはそれからだ 53
二〇二五―二六年のトップ・リスク10 60

第二章　トランプがぶち壊す世界秩序、そして第三次世界大戦

トランプ劇場第二幕は破局への序章⁉　65
戦争も民族闘争もすべて「ディール」で仕切る男　67
他国の土地も俺のもの⁉　トランプの壮大な「買い物リスト」　75
トランプが描く「北米巨大帝国」の夢⁉　82
なぜ今、再びのトランプなのか？　85
変容するアメリカが「強い男」を求めた　94
トランプが描く「新しいアメリカ像」と日本の危機　101
トランプの登場とアメリカの変容は歴史の必然だ‼　107
「トランプ後」にどんな世界がやってくるのか　118
いかにして生き残るか、それは誰の責任でもなくあなたの問題だ！　122

第三章　いよいよ一九二九年の再来、リーマン・ショックを超えるとんでもない大暴落がやってくる!!

相場は「ある日突然、暴落する」　127
二〇〇八年の「一〇〇年に一度の金融危機」とは？　133
一九二九年の株式大暴落　140
フーバー大統領の失策とトランプ大統領の政策　148
相場では「起こるはずのないことが起こる」　150
株式相場で一生に一度の大暴落が見られる時　152

第四章　実は一〇〇年に一度のチャンス、オプションと大底買いで大資産家続出

株大暴落でも資産を殖やすには？　159

株の大底買い　160
「ＭＦ」という秘密兵器　163
ＭＦの運用――トレンドを追って行く手法　167
ヘッジファンドの運用――「買い」と「売り」を組み合わせる手法　171
ＭＦは投資・運用の極意にかなっている　174
「オプション」という究極の手段　182

エピローグ

大恐慌を生き残る道　201

※注　本書では一米ドル＝一五〇円で計算しました。

第一章　一〇〇年に一度の大崩壊が迫っている!!

破壊とは創造の一部である

（ニーチェ）

ニューヨークで感じた「狂騒の二〇年代」（壮大なバブル）

二〇二四年一一月、私はおよそ二年振りに米ニューヨークのジョン・F・ケネディ国際空港に降り立った。コロナショック以降のアメリカの活況振りについては二〇二二年の視察で十分に理解していたつもりだが、その二年後のニューヨークに私は改めて驚嘆《きょうたん》したのである。

まずは物価だ。アメリカのインフレは今に始まったことではないが、率直に言って、安いモノが一つもない。ラーメン一杯に二〇―三〇ドル（約三〇〇〇―四五〇〇円）、ウォーレン・バフェット御用達の「スミス&ウォレンスキー」の最も安いコース（ステーキとワイン数杯）で二四〇ドル（約三万六〇〇〇円）、夕食後、ホテルに帰るために配車アプリ「Ｕｂｅｒ」を使うと、たった二キロの距離でも二五ドル（約三七五〇円）が請求される。もはや、笑うしかない。

人気の寿司の値段は、アッパー・イーストサイドの人気店「スシ・ノズ

（Sushi Noz）」のお任せコースで五五〇ドル（約八万二五〇〇円。税、チップ、ドリンク抜き）。これが日本だと、人気店「銀座久兵衛」のお任せコースが二六〇ドル（約三万九〇〇〇円）と半値以下になる。あの有名な「すきやばし次郎」でもお任せ寿司コースは、三八〇ドル（約五万七〇〇〇円）だ。旅の後半にもなると感覚が狂ってきて、一杯＝二〇ドル（約三〇〇〇円）のラーメンなどとんでもなく安く思えてくる。ニューヨークでは、ディナーが一人＝五〇ドル（約七五〇〇円）で済めば本当に好運だ。

ニューヨークは「人種のるつぼ」と言うだけあって、他の地域よりも明らかに多民族性に富んでいる。ラテン系やインド系、中華系の存在感は圧倒的で、他にもネパール人やクルド人、エジプト人が多かった。またK－POPの影響もあってか、韓国人や韓国エンタメの台頭を強く感じる。それに比べると日本人を見かけることは少ないが、やはり日本のソフト・パワー（文化面）は健在だ。日本は〝人〟よりもコンテンツや食の面での存在感が強い。

一方、これはニューヨークに限ったことではないが、アメリカではやはり浮浪者の多さや格差が気になる。「活気がある」という言葉を通り越して、「カオス」（混沌）という言葉の方がニューヨークにふさわしいと私は思うが、結局のところバブルの疑いもぬぐい切れない。

今が、「狂騒《きょうそう》の二〇年代」の再来だと言う人もいる。著名投資家のエド・ヤルデニ氏などがその代表格だ。私はマンハッタンの中心部、タイムズ・スクエアにあるネオンの多くがＡＩ関連や仮想通貨のものということに〝熱狂〟を感じる。首都ワシントンＤ．Ｃ．にドライブした際の、ハイウェイ沿いの看板にも同様の感想を持った。旅の終盤、ニューヨークの光（華やかさ）と影（浮浪者の多さ）に奇妙なコントラストを感じながら、私はふとチャーリー・チャップリンの逸話を思い出したのである。

ニューヨークの株価が暴落する前の一九二八年、そう、株価が現在と同じような熱を帯びていた時のことだ。その当時、コメディアンとして著名だったチャップリンはニューヨークの街並みを見渡した際、ある疑問を抱いたという。それは、「永遠の繁栄」（のちに「狂騒の二〇年代」と呼ばれるようになった）

と謳《うた》われていたのにも関わらず、街中に多くの失業者がいることであった。その光景に不信を抱いたチャップリンは、持ち株をすべて処分するという大胆な行動に出る。この行為に、チャップリンの友人であり著名音楽家のアーヴィング・バーリンは、「アメリカを空売りする気か!」と大激怒した。

しかし、その直後の一九二九年に株価は大暴落する。大恐慌の最中、バーリンはチャップリンの元へ出向いて謝罪した。

私は、今回もエンパイア・ステート・ビルを訪れたが、このエンパイア・ステートが開業したのが実は大恐慌の真っ最中の一九三一年。大恐慌の影響でオフィス部分は一九四〇年代まで多くが空室のままであったため、「エンプティー・ステート・ビルディング（空っぽのビル）」と揶揄された。

ひるがえって現在のアメリカ経済は、「アメリカ例外主義」と言われるほど順風満帆である。しかし過熱感は否めない。日本にいるとなかなかわからないかもしれないが、アメリカはまさに狂騒の二〇年代を生きている可能性がある。

だが、永遠の繁栄はあり得ない。実際、二〇二五年に入ると株価が変調をきたし始めた。中でもアメリカを代表するハイテク銘柄「マグニフィセント・セブン」（アップル、エヌビディア、マイクロソフト、アルファベット、アマゾン・ドット・コム、メタ・プラットフォームズ、テスラ）が売られている。米ブルームバーグが算出するマグニフィセント・セブン指数は、二〇二五年二月末に二〇二四年一二月一七日に付けた高値からの下落率が一〇％に達し、調整局面に突入。この期間で、時価総額約一兆五〇〇〇億ドル（約二二五兆円）が吹き飛んだ。

余談だが、昨今の米国株はハイテク銘柄への〝集中〟があまりに行き過ぎている。マグニフィセント・セブンの時価総額がアメリカを代表する株価指数「S＆P５００」に占める割合は、二〇二五年一月末時点で「三一％」。一部の調査会社は、これに実質的なリスクを織り込むと「約四五％」にまで膨らんでいると警鐘を鳴らす。要は、マグニフィセント・セブンと米国株は〝一心同体〟だということだ。ハイテク銘柄のバブルが弾《はじ》ければ、すべてが吹き飛ぶだろう。

直近の調整は、おそらく序章に過ぎない。まず、テクノロジー株が中心のナスダック総合は、二〇二四年一二月一六日に付けた終値での史上最高値が「大天井」になる可能性もある。しかし私の予想は、この先に「最後の上げ」（メルトアップ＝バブル崩壊前の奇妙な暴騰）があるというものだ。

一方で、いつなん時バブル崩壊が起きても不思議ではないとも思っている。次に、米国株バブルが崩壊すれば、一九三〇年代の大恐慌のような破滅的なものになるだろう。時価総額の五—八割が失われ、一九九〇年代の日本株バブル崩壊と同じく高値を回復するために相当な時間を必要とするはずだ。

次のバブル崩壊は、押し目（買い）が通用しそうにない。リーマン・ショックやコロナショックの後は押し目（上昇していた株価が一時的に下がった時に買いをいれること）が極めて有効であったが、私は〝次〟は異なると考えている。実際、大恐慌も日本株のバブル崩壊も押し目は通用しなかった。一九九〇年代に日本株を買った人の末路は悲惨である。

さて、その「破局ポイント」に到達するまでの時間は、おそらく短い。私は、二〇二五—二六年にも起こると予想している。もし、私の言うことを少しでも信じるのなら、まずは本書を隅々《すみずみ》まで読んでいただき、読み終わったらすぐに準備に取り掛かるべきだ。

「株は超長期で見れば上がる」が、目先は「大崩壊」に備えよ!!

巷にあふれる投資の指南書には、よく「株は長期で上がる」と書かれている。中には「絶対に」とか「確実に」を頭に付けて、そのことをより強調しているものもある。

結論からすると、その通りだ。事実、過去一〇〇年間という長い歴史を振り返ると、株価は確実に上がってきている。

たとえば、アメリカを代表する「S&P500」。そのS&P500の算出が始まったのは一九五七年三月。そこから現在（二〇二五年一月末）までのトータル・リターンは「一万三三九六・四％」で、年率リターンは「七・四九九％」。これに配当金（再投資）を含めると、トータル・リターンは驚異の「九万三〇七七・四%」にまで増え、年率リターンも「一〇・六〇五%」になる。ただし、これらはインフレ（物価上昇）を加味していない。

その気になるインフレ調整後のトータル・リターンは「一〇八九・八%」（配当金の再投資を含めると「八一一三・九%」）で、年率リターンは「三・七一八%」（同「六・七一五%」）になる。アメリカの株価はインフレ率を上回っている。上出来と言える。

ではこれを、あの大恐慌（一九二九―三二年）を含めた過去一〇〇年間でも確認してみよう。S&P500（一九五七年の算出開始より前は大型株指数を代替として使用）の一九二六年一月―二〇二五年一月末までのトータル・リターンは「四万六八七六・〇%」。年率リターンは「六・四一一%」。これに配当金の再投資を含めるとトータル・リターンは「一七三万三五〇六・七%」で、年率リターンは「一〇・三六一%」にもなる。

同期間のインフレ調整後のトータル・リターンは「二五六六・四%」（配当金の再投資を含めると「九万八三〇〇・四%」）で、年率リターンは「三・三七二％」（同七・二〇九％）であった。あの大恐慌の期間を含めたとて、「株価が長期で上がる」というのは〝事実〟であったのである。

ただし、過去がそうであったからといって、それは未来のリターンを保証するものではない。すなわち、向こう一〇〇年が過去二〇〇年と違って、株がリターンを生まないという可能性も十分にあるのだ。

とはいえ、私もそんなことはないと思っている。「歴史は韻《いん》を踏む」とはよく言ったものだが、人類の大半の歴史は良くも悪くもインフレであったため、名目の株価はこの先も上がって行くに違いない。もちろん、インフレ率に勝つか負けるかは未知数であるが。

さて、ここからが本題だ。「株は長期で上がる」ことに賛同する私でも、向こう数年間に限っては株をお勧めしたくない。むしろ、強く反対する。それはひとえに、大恐慌の再来を確信しているからだ。そしてそれは、二〇二五―二六年にもやってくると考えている。

およそ一〇〇年前に起きた大恐慌は、それはそれはひどいものであった。現世に住む者で〝アレ〟を体験した人はいないが、先のリーマン・ショックを遥《はる》かにしのぐ大惨事であったことは想像に難くない。そうした究極の事態に直面した際、普段は「株は長期で上がる」と思っている人でも極端に動揺する。ほとんどの人は猛烈な〝含み損〟に耐えられなくなり、他人より少しでも早く脱出しようと相場は投げ売り状態になってしまうのが常だ。

経済危機を振り返る際、後付けの講釈《こうしゃく》で「市場から撤退するな」という格言を必ず聞く。これはその通りで、大暴落で相場から退場してしまうとその後に起こる急激な反発を逃すことになる。著名な長期投資家として知られ、ウォーレン・バフェット氏の盟友チャーリー・マンガー氏も「複利運用における最初のルールは、不必要にそれを中断しないこと」と説いた。

しかし、これはあくまでも理論上のことである。現実の世界はやはり酷《こく》なものであり、もし大恐慌の再来ともなれば、ほとんどの投資家は大いに震え、頭ではマンガー氏の格言を理解していても結局は撤退を余儀なくされる。いや、撤退で済めばよい。破産や自殺する者も続出する。

日本のバブル崩壊やリーマン・ショックを直《じか》に見てきた人間として、私は次に起こり得る危機を「舐《な》めるな」と言っておきたい。というのも、私は次の危機が私たちの世代がかつて経験したことのない規模のものになると考えている。「また、浅井のオオカミ少年が始まったよ」と思うかもしれない。しかし、全世界の総債務残高は歴史的に見ても最悪の水準となっている。だからこそ、その債務バブルが弾ければ、まさにいまだかつて直面したことのない〝究極の事態〟に発展すると危惧しているのだ。

一九二九年の大恐慌を例に取りたい。アメリカのニューヨークダウ平均は一九二九年八月に天井を付け、一九三二年六月までの二年九ヵ月に亘って下げ続けた。そしてその高値を取り戻すまでに、二五年一ヵ月もの時間を要したのである。この間、ルーズベルト不況（一九三七年）という強烈な二番底も経験している。

さて、この時代を生きていた人に投資を得意とする未来人が「株は長期で上がるから、そんなに悲観することないさ」と助言したとしよう。その結果が、

「うん、そうだね」と納得するものになるとはとても思えない。おそらくは、怒り心頭《しんとう》となって未来人に殴り掛かる。それほどまでに、危機のさなかにある人は先が見えなくなるというものだ。

これは、日本のバブル崩壊にも当てはまる。現代人がタイムマシーンに乗って一九九〇年代後半に移動し、株の莫大な含み損で苦しんでいる人に向かって、「株価はいずれ高値を更新するから、安心しなよ」と言っても、結果は似たようなものになるはずだ。

ご存じのように、日経平均株価は一九八九年一二月に当時の高値を付け、それを更新できたのは二〇二四年二月のことである。史上最高値を更新したことで「株は長期で上がる」ということを改めて世に示したわけだが、それでもそれに費やした三五年という月日は、あまりに長い。

所詮《しょせん》、人間は刹那《せつな》的な動物である。結局は目の前のことで頭がいっぱいであり、「株は長期で上がる」と理解していたとしても、不測の事態に直面した際、それを耐え過ごすことができる人は極めてまれだ。

おそらく、この先もある程度の期間は株価の騰勢《とうせい》が続くだろう。前述した、メルトアップ（バブル崩壊前の奇妙な暴騰）というやつだ。

しかし、米国株はバブルの最終局面に位置していると真剣に疑っておいた方がよい。近代では量的緩和（QE）といった具合に金融政策が進化したため、「もはや大恐慌のような危機は起こらない」といった意見も散見される。まさしく、「今回は違う」というわけだ。しかし、このような「今回は違う」という慢心《まんしん》が広がる局面こそが、実は最も危うい。

この世の中には、普遍的な原則がある。それは、「ノー・フリー・ランチ」（タダ飯はない）ということだ。どこかで帳尻《ちょうじり》が合うようになっている。確かに、量的緩和（QE）のような政策を乱発すれば恐慌は防げるかもしれない。しかし、QEは紙幣の増発と同義であり、恐慌を防ぐ代わりにハイパーインフレを起こす可能性がある。

いつの時代も「危機は別の顔をしてやって来る」ということを忘れてはならない。繰り返しになるが、この世の中に「タダ飯はない」のだ。

兎にも角にも、私は壮大なバブルが間もなく弾けると強く訴えたい。もちろん、これはあくまでも私の予想であり、最終的に判断するのはあなただ。それでも私は、しつこく警告しておきたい――「早晩、破局が訪れる」と。

次項では、その根拠をお伝えしよう。

〝一〇〇年に一度の大崩壊〟が迫っている!!

バブルというのは、弾けてみて初めて「それがバブルであった」と気付く。それゆえ、昨今の絶好調な米国株に対し懐疑的な眼差しを向けても、「今はバブルではない」という反論も多くいただく。結局は、誰にもわからないのだ。やがて時間がそれを証明する。しかし、私は次の単純な事実をもってして、米国株の崩壊を予言したい。それは「永遠に上がる相場はない」というものだ。

とりわけリーマン・ショック以降の米国株は、まさに一九二〇年代に謳われた「永遠の繁栄」を彷彿《ほうふつ》とさせる高騰振りである。リーマン・ショック後の二〇〇九年三月に米国株が大底を打って以来、二〇二五年一月までのＳ＆Ｐ５００の年率リターンは過去の平均を大きくしのぐ約一六％。二〇二四年までに年単位で下げたのは、二回しかない。しかもリーマン・ショック以降は、ＦＲＢ（米連邦準備制度理事会）の利上げに株価がさほど反応しなくなっている。これは、過去二回のリセッション（ドットコム・バブル崩壊とリーマン・ショック）との大きな違いだ。

株価がここまで高騰している最大の理由は、リーマン・ショックの直後に導入された量的緩和にあると私は思っている。しかし、その副作用としてインフレが顕在化した。そのためＦＲＢは、二〇二二年六月からバランスシートの縮小（ＱＴ）に着手している。通常、金融政策の引き締めは株価にとって逆風だ。そのため、利上げとＱＴが始まった二〇二二年は、Ｓ＆Ｐ５００も年単位で値を下げている。

ところが二〇二三年と二〇二四年は、共に二〇％超の上昇と好調さを取り戻した。二〇二五年二月現在も金利は高止まりしており、ＦＲＢのＱＴは継続している。しかし、それでも株価は暴落していない。

なぜなのか。私はそこに二つの原因があると思っている。一つは「FRBの引き締めが中途半端」だということ。先ほどアメリカの金利は高止まりしていると記したが、現在（二〇二五年三月時点）の四・三％付近という水準は、二〇〇八年のリーマン・ショックや二〇二〇年のコロナショックによるリセッション（景気後退）時のゼロ金利（〇・二五％）と比較すれば高く思えるが、最高で二〇％に達した一九八〇年とは比べものにならない。

ちなみに、アメリカの政策金利の過去五〇年の平均は約六％。政策金利はこの先、少なくとも過去平均に向かって収斂《しゅうれん》して行くと考えられる。当然、それ以上も覚悟しておきたい。

私はアメリカ、ひいては世界のトレンドがおよそ四〇年振りにインフレへと転じたと確信している。そのため、近い将来FRBはさらなる引き締めを余儀なくされる可能性が高い。

少しテクニカル的な話になるが、政策金利の動向を占うには「中立金利」というものが重要になる。この中立金利とは、「景気を熱しも冷やしもしない金利」のことで、中央銀行は基本的にその中立金利を基に政策金利を決める。問題は、この中立金利が現実に計測できないという点だ。あくまでも、当局が予想するしかない。もちろん、そこには相当な精度が求められる。

結論からすると、FRBはこの中立金利を低く見積もっている可能性が高い。現時点でFRB高官は（平均して）中立金利が三％付近にあると予想しており、そこに向けて利下げをして行く構えだ。しかし、実際の中立金利がFRBの予想を上回っていた場合、利下げは景気を大きく刺激する。そうなると、待ち受けるのは「資産バブル」と「インフレ再燃」だ。

私は今のアメリカが、まさにこのような状態にあると感じている。アメリカの金融環境は、依然として緩和的だというのが私の結論だ。もちろん、インフレがピークに達した二〇二二年と比べて、直近のそれは落ち着きを示している。しかし、コロナショックとウクライナ戦争を経て、アメリカの中立金利は以前と比較して大きく上昇した可能性が高い。だからこそ、二〇二四年に始まった

ＦＲＢの利下げは、資産価格に大きな刺激を与えていると思っている。

政策金利だけではない。ＦＲＢの引き締めが中途半端だということは「Ｍ２残高」からも窺える。このＭ２とは、広義の「貨幣供給量」のことだ。そしてこのＭ２残高は、ＦＲＢのバランスシートと相関を成す。要は、ＦＲＢのバランスシートが膨張していれば、それは世に出回るマネーも膨張しているということだ。

二九ページの図を確認してほしい。リーマン・ショック前から九倍にまで膨らんだＦＲＢのバランスシートは、二〇二二年からのＱＴによって確かに減ってきているが、依然としてコロナショック前の水準を上回っている。

ニューヨーク連銀が二〇二四年一〇月一〇日に公表したプライマリーディーラー調査によると、米大手銀行が想定するＦＲＢのＱＴの終了時期は二〇二五年六月で、ＱＴ終了段階で予想される資産規模は六兆四〇〇〇億ドル。これは、コロナショック前の四兆二〇〇〇億ドルを大幅に上回る規模だ。リーマン・ショック前と比べると六倍超になる。そう考えると、アメリカの金融環境は私

FRBの膨張するバランスシート

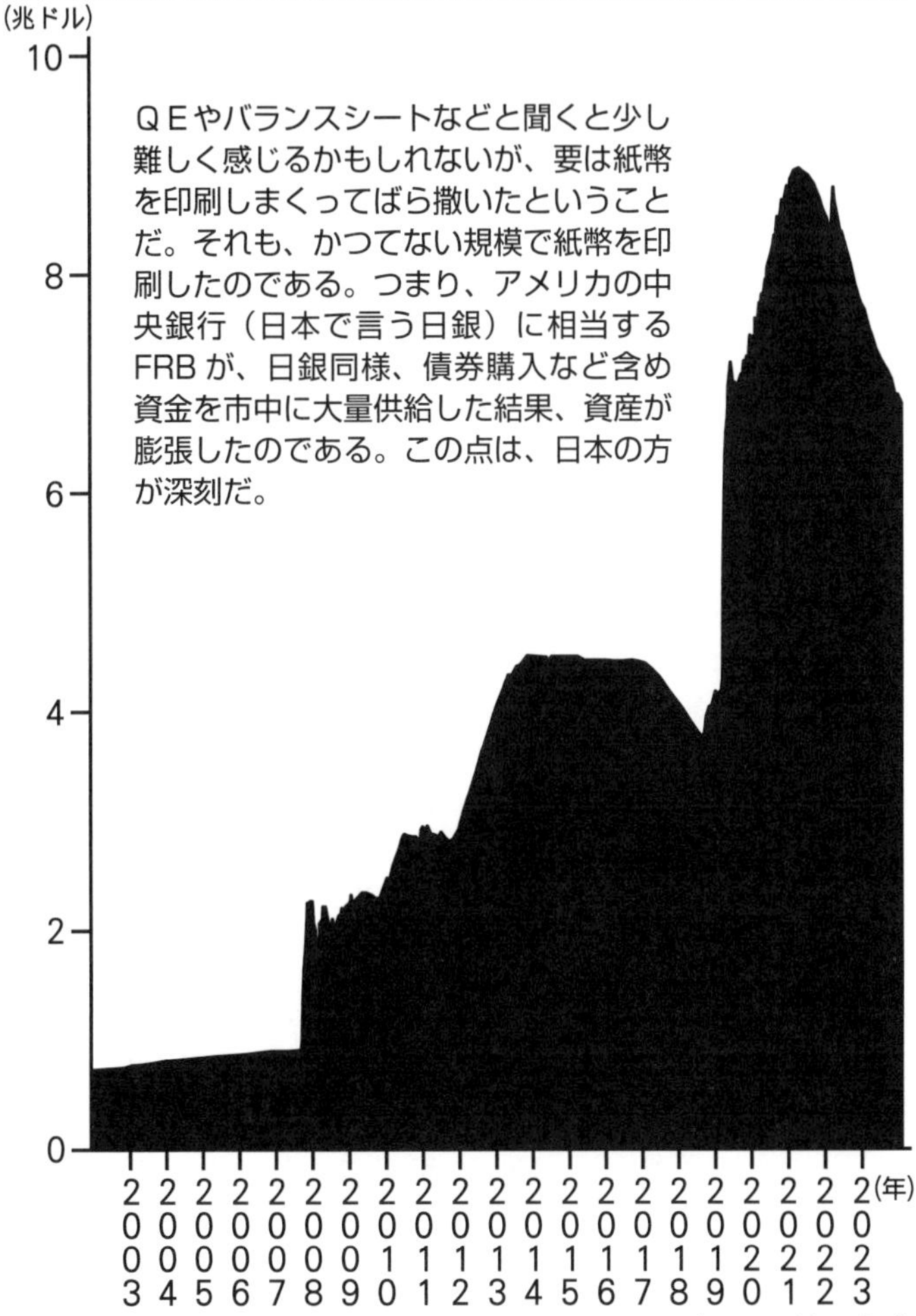
(兆ドル)
10
8
6
4
2
0
ＱＥやバランスシートなどと聞くと少し難しく感じるかもしれないが、要は紙幣を印刷しまくってばら撒いたということだ。それも、かつてない規模で紙幣を印刷したのである。つまり、アメリカの中央銀行（日本で言う日銀）に相当するFRB が、日銀同様、債券購入など含め資金を市中に大量供給した結果、資産が膨張したのである。この点は、日本の方が深刻だ。
2003
2004
2005
2006
2007
2008
2009
2010
2011
2012
2013
2014
2015
2016
2017
2018
2019
2020
2021
2022
2023
(年)

FRBのデータを基に作成

たちが想像しているよりも「緩和的」な状態にある可能性が高い。だからこそ、株価や不動産が高騰していると考えられる。

さて、もう一つの原因は世界的な「買いパニック」だ。前出S＆P500は、リーマン・ショックの大底（二〇〇九年三月）から二〇二五年一月末までに年率一六％のリターンを上げている。年単位の下落は、この間、わずか二回しかない。実際、S＆P500はリーマン・ショックの底値「六七六・五三ポイント」（二〇〇九年三月九日）から、二〇二五年一月二三日の高値「六一一八・七一ポイント」まで、およそ九倍になった。

だからこそ、個人やプロを問わず「株は最強」という認識が広がりつつある。それを裏付けるフレーズが、「FOMO」（フォーモ）だ。これはリーマン・ショックや二〇二〇年三月のコロナショック（パンデミック）に端を発した全世界同時株安）など株の急落（とその後の反転）時に決まって流行してきた投資にまつわるフレーズで、「Fear Of Missing Out」（取り残されることへの恐怖）の頭文字を略したものである。

個人投資家は知人やＳＮＳで株や仮想通貨（暗号資産）の「儲け話」を聞き、〝取り残されてたまるものか〟とこぞって市場に参入した。機関投資家も、同様の理由から好調な株価指数への投資を余儀なくされる。顧客のいる彼らは、ライバルにアンダーパフォーム（成績を下回ること）することを極端に恐れるため、横並びでの投資が基本だ。こうして、好調な株価に「乗り遅れまい」と、個人もプロも株に殺到している。

そこにきて、株価を心から愛するドナルド・トランプ大統領の再登板だ。市場は、トランプ大統領の関税（保護主義）や財政赤字の拡大に不安を募《つの》らせつつも、結局は株価に不利なことは慎《つつし》むと思っている。

前出の著名ストラテジスト、エド・ヤルデニ氏は二〇二四年一一月一二日付のブルームバーグで、トランプ大統領による経済政策への期待が「アニマルスピリッツ」を解き放ちつつあると、Ｓ＆Ｐ５００が二〇二九年末までに一万ポイントの大台に到達するだろうと極めて強気の予想を披露《ひろう》した。ヤルデニ氏の予測では、二〇二九年末までに同指数が六六％も上昇することになる。同氏の

S&P500の推移

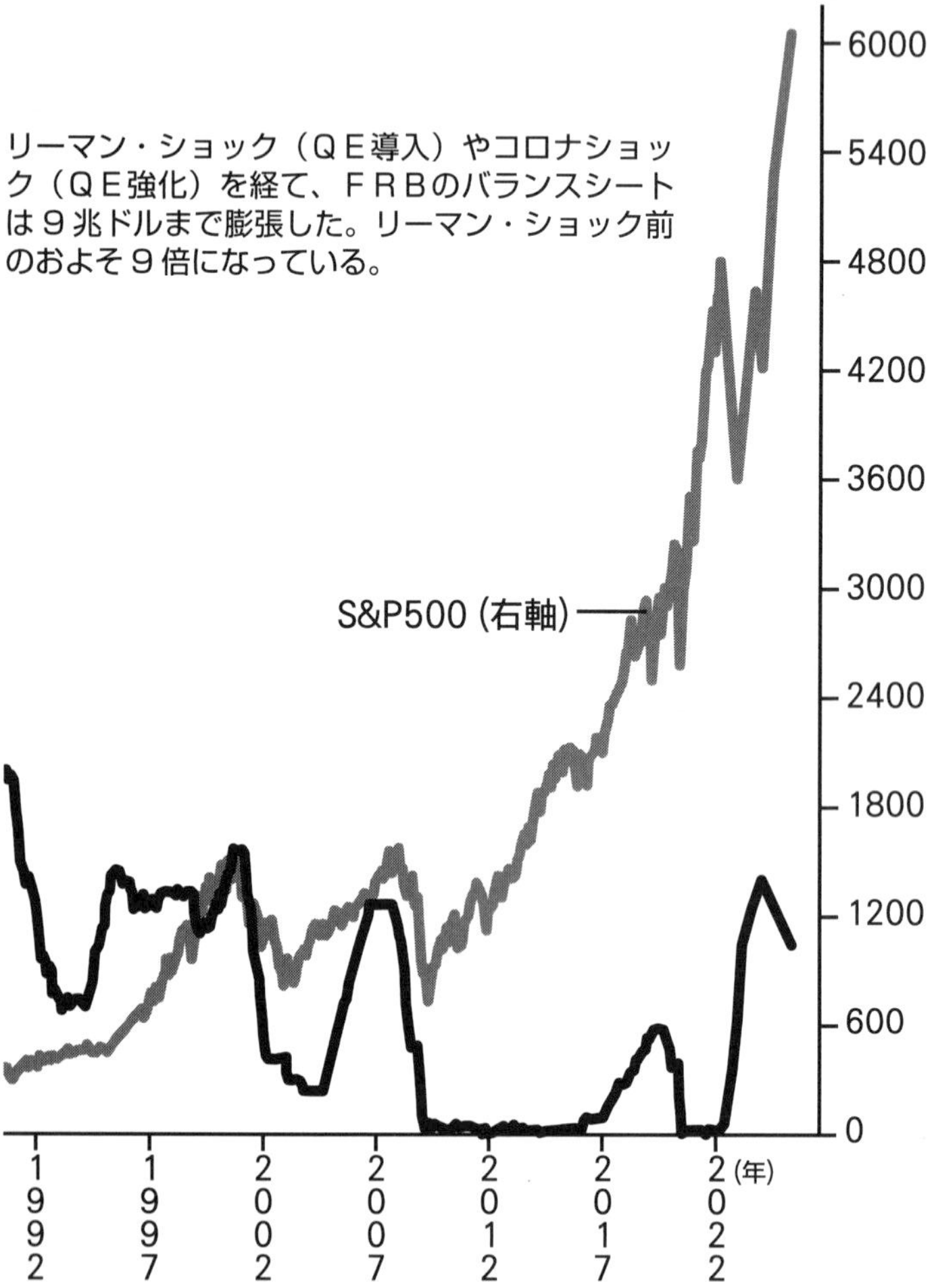

株式マーケットデータのデータを基に作成

ＦＦ金利（連邦基金金利）と

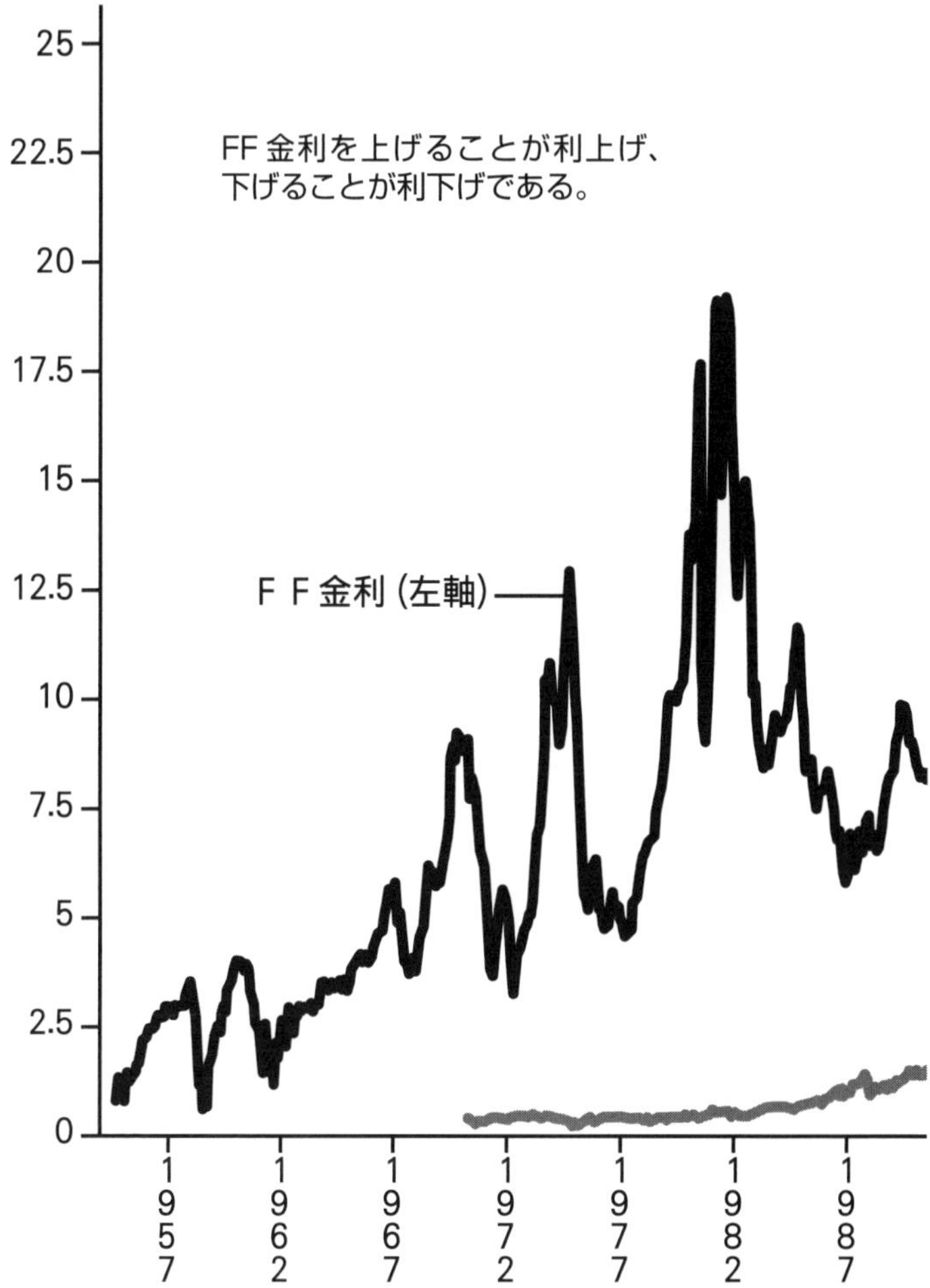

目標水準は二〇二五年が七〇〇〇ポイント、二〇二六年が八〇〇〇ポイントに引き上げられた。言うなれば、一〇〇年振りに「狂騒の二〇年代」が再来するということであろう。

しかし、私はこの予想に真っ向から反論したい。私も目先、米国株はまだ上がると思っているが（S&P500が短中期的に七〇〇〇―八〇〇〇ポイントに達しても不思議ではない）、それでもさすがに二〇二九年を前にバブルが木っ端《こ》《ぱ》みじんに弾けると考えている。繰り返し強調するが、二〇二五―二六年のバブル崩壊が私の基本路線だ。

株価に関する干支のアノマリーには、「辰巳《たつみ》天井、午尻《うま》下がり」というものがあり、それによれば巳《み》年の二〇二五年は「大天井」を打つ。奇しくも大恐慌が起きた一九二九年も同じく「巳年」、そして日本のバブルが天井を付けた一九八九年も「巳年」だった。

バブルの研究で知られるアメリカの経済学者、故ジョン・ケネス・ガルブレイスは「バブルがいつ崩壊するか予測するのは誰にもできない。ただ、過去のバブルは例外なく弾けている」とし、次のように言葉を残した――「すべての投資家は、自分だけは賢明だと信じている。暴落が訪れる、その瞬間まで」。

トランプvs債券自警団

では、米国株バブル崩壊のキッカケは何か？　それには多くの候補が挙げられる。とは言え、過去のバブル崩壊を振り返ると、ブラック・スワン（予想していなかった驚きの事態）こそがきっかけとなっていることがほとんどだ。

そう考えると、中国ＡＩ企業「ディープシーク」がアメリカの「エヌビディア」ひいては「オープンＡＩ」の優位性に一石を投じた事件はとても興味深い。著名な空売り投資家ジム・チャノス氏は二〇二五年二月五日、ブルームバーグ・テレビジョンのインタビューで、「現実のリスクというのは、突然死角から現れて人々の考えを一新するディープシークのようなものになるだろう」と話した。そして、向こう六―一二ヵ月に米市場が直面する最大のリスクは誰にもわからないと指摘する。

ディープシークの衝撃で、米株式市場ではおよそ一兆ドル相当の時価総額が吹き飛んだ。私はディープシーク・ショックを先のリーマン・ショック（二〇〇八年八月）でたとえた場合、投資銀行ベアスターンズ破綻（二〇〇七年三月）のような前触れだと位置付ける。中国のディープシークが真似《まね》であれ何であれ、エヌビディアの優位性に一石を投じたのは事実だ。前出チャノス氏も言うように、バブル崩壊の過程ではこういった誰もが予想していなかった〝ブラック・スワン〟こそが蟻の一穴になる場合が多い。

もちろん、予見でき得るシナリオもある。それは、「米国債の暴落」だ。

ＢｏｆＡ（バンク・オブ・アメリカ）によれば、コロナ禍のロックダウン（都市封鎖）初期の二〇二〇年に利回りが過去最低を記録後、米国債は過去二四〇年間で三回目となる「大債券弱気相場」にすでに突入している。マクロ調査会社ビアンコ・リサーチの創業者、ジム・

ビアンコ氏は数十年に亘った強気相場の「サイクルは終わった」との認識を示した。
（ブルームバーグ二〇二五年一月一三日付）

前項で述べたように、アメリカのインフレは再燃する可能性が高い。そうなると、おのずと債券価格は下落（金利は上昇）する。コロナショック後のインフレ局面で、米国債一〇年物の利回りは五％台を記録した。しかし私は、これがやがて六―八％のレンジに突入すると見ている。金利の上昇は明確に株価の逆風になるため、米国債の暴落がバブルを崩壊させる可能性は決して低くない。

直近では、アメリカの景気後退懸念から同国の長期金利は下落している。二〇二四年一一月の大統領選挙でドナルド・トランプ氏が当選した直後は、同氏の政策がインフレをあおるという懸念から長期金利は一時四・八一七％まで上昇した。しかし、年が明けると一転、財務省のスコット・ベッセント氏の努力やトランプ大統領の政策がインフレというより景気後退を招くのではといった思惑から、長期金利は低下に向かっている。「四％を割り込むのは時間の問題」

という予想が支配的だ。

私は、アメリカの長期金利はどんなに下がっても三・八％程度までと考えている。結局、アメリカはインフレ再燃かスタグフレーション（不況下のインフレ）に直面する可能性が高い。

また米国債は、需給の観点から見てもいずれ上昇トレンドに戻りそうだ。アメリカの財政赤字は日に日に深刻化している。アメリカの債務残高は、対GDP（国内総生産）比で二〇〇七年の三五％から二〇二四年には九八％にまで膨張した。この増加分のほとんどは、二〇〇八年のリーマン・ショックと二〇二〇年のコロナショックに由来するが、超党派の「責任ある連邦予算委員会（CRFB）」は、トランプ大統領の全公約が実行されれば、二〇二六年から二〇三五年までに、アメリカの財政赤字は七兆五〇〇〇億ドル（約一一二五兆円）も増えると試算する。これは、現在の日本国債の発行残高に匹敵する規模だ。

ここまで財政赤字が深刻化すると、債券自警団の再来は時間の問題と囁《ささや》かれている。この「債券自警団」とは、大量に国債を売ることで政府に対する貸出金利の引き上げを要求する投資家たちのことだ。一九九〇年代には、ビル・クリントン大統領（当時）が彼らから被害を受けている。

一九九三年にクリントン米大統領（当時）は就任早々、予想外の敵に直面した。債券トレーダーらから成る「債券自警団」だ。それまでの一〇年間、低税率と多額の防衛支出によってアメリカの債務比率は倍増しており、新政権下での財政悪化を警戒した債券トレーダーが米国債を売って利回りを急上昇させる恐れがあった。クリントン氏はやむなく増税、支出削減という不人気の政策を実行する。クリントン氏の側近の一人で、後に米連邦準備理事会（ＦＲＢ）副議長を務めたアラン・ブラインダー氏は「難しい三つどもえ選挙に大差で勝利したばかりだというのに、一握りの債券トレーダーらに屈することを彼（クリントン氏）は相当不快に思っていた」と振り返る。

（ロイター二〇二五年一月一六日付）

彼らがトランプ大統領に牙を向けるのではないかというのがもっぱらの噂だ。というのも、トランプ大統領の政策は財政赤字の拡大とインフレ再燃を招く恐れがあり、それらは債券自警団が最も好むシナリオの一つだからである。

クリントン政権で財務長官を務めたロバート・ルービン氏は前出のロイターで、急激な利回り上昇は景気後退や金融危機を引き起しかねないため、債券市場はトランプ大統領が実施したいことを「あっという間に実行しにくくする可能性がある」と語った。ただ、「その転機がいつ訪れるかは予想できない」（同前）ともしている。また、J・D・バンス副大統領は二〇二四年一〇月、「『債券自警団』が債券利回りを押し上げようと動き出せば、米国債は『デス・スパイラル』に陥る可能性がある」（ブルームバーグ二〇二五年一月一六日付）と発言していた。

前述したように、私は財政赤字とインフレの組み合わせによって、アメリカの長期金利が六―八％のレンジに入る日がやってくると真剣に案じている。長期金利がその水準にまで高まれば、どう考えても株価は今の高値を維持できない。金利が急騰した時点で、バブルは音を立てて弾けるだろう。

ところでこの債券自警団は、アメリカだけでなく今後は世界中で暗躍する可能性が高い。それは単純に多くの国で政府債務が深刻化しているからである。国際通貨基金（ＩＭＦ）は二〇二四年一〇月、世界の政府債残高が同年末までに一〇〇兆ドル（約一京五〇〇〇兆円）に達すると警告した。また国際金融協会（ＩＩＦ）は、各国政府の公的債務が二〇二八年までに三割以上増え、一三〇兆ドル（約一京九五〇〇兆円）に近付く可能性があると警鐘を鳴らす。

実際、二〇二五年三月五日、ドイツ連邦債が過去三五年で最大の下落を記録した。同国の次期首相への就任が有力視されるフリードリヒ・メルツＣＤＵ（キリスト教民主同盟）党首が防衛力強化のため、大胆な財政改革案を提示したことに反応した格好である。同日、米金融大手ゴールドマン・サックスのアナリストらは顧客向けのメモで、債務ブレーキ改革でドイツの長期金利が一六年超振り高水準に達する恐れがあると警告した。

今後は、各国をこうした財政ショック（急激な金利上昇）が襲う可能性は高い。テールリスク・ヘッジファンドのユニバーサ・インベストメンツのマーク・スピッツナーゲル最高投資責任者（CIO）は、世界的な債務の膨張を理由として、「次の信用収縮の規模は世界的に不況を引き起こした一九二九年の大暴落に匹敵するかもしれない」（ロイター二〇二四年九月二七日付）と指摘したが、私も同感だ。

ブルームバーグによると、スピッツナーゲル氏は「（世界の債務について）客観的に見ても、金融史上最大の発火装置および時限爆弾といえる。その規模は一九二〇年代後期より大きく、当時のような結果を市場にもたらす可能性が高い」（ブルームバーグ二〇二三年一月三一日付）と顧客宛の書簡に記している。ただし、その時期は明言していない。

一方、国際決済銀行（BIS）の金融・経済部門の責任者クラウディオ・ボリオ氏は、二〇二四年一二月一〇日に公表した四半期報告書の中で、「急増する政府債務による金融市場の不安定化の脅威が強まっている」と指摘する。具体的には、「過剰な政府債務が債券市場の混乱を引き起こし、他の資産にも波及する恐れがある」と警告した。実際、世界的に金利が上がり始めた二〇二二年以降は、イギリスやフランスなどで債券市場が混乱している。世界経済のトレンドが債券市場に逆風となるインフレに転換したと考えれば、こうした混乱は収まることはなくむしろ激化する可能性が高い。

前述のように、アメリカについては長期金利「六—八％」の時代を覚悟しておく必要がある。そのような世界は、株高に沸《わ》く昨今の風潮を一変させるはずだ。一九二九年に始まった大恐慌では、株価が高値を取り戻すためにおよそ二五年の月日を費やしている。「米国株が失われた二〇年に突入する」と言ってもほとんどの人は信じないだろうが、それは決してあり得ないシナリオではない。

米国株は「失われた一〇年」に突入も

「S&P500の大幅上昇の一〇年は終わった：ゴールドマン」——二〇二四年一〇月二一日付のブルームバーグは、こうした極めて刺激的なタイトルの記事を配信した。そこには以下のような衝撃的な内容が記されている――「投資家がより高いリターンを求めて債券など他の資産に目を向ける中で、米国株が過去一〇年のような平均を上回るパフォーマンスを維持することは難しいだろう」。デービッド・コスティン氏を含むゴールドマンのストラテジストの分析によると、S&P500株価指数の今後一〇年の年率名目トータル・リターンは三%に留まる見込みで、過去一〇年は一三%、長期平均は一一%となっている。また、S&P500のリターンが米国債を下回る可能性は約七二%、二〇三四年までのインフレ率を下回る可能性は三三%とストラテジストらは試算している。二〇二四年一〇月一八日付のリポートによると、「投資家は、今後一〇年の株式リターンが、典型的なパフォーマンス分布の下限付近になることを覚悟しておくべきだ」という。

このブルームバーグが引用したゴールドマン・サックスのリポートは、世界的に大きな話題を呼んだ。なにせ、絶好調の米国株に極めて暗い見通しを示したのである。

同リポートは、以下の五つの理由を用いて株式市場の黄金時代がもうすぐ過去のものになると分析した。

まず、歴史的に見て株式市場の評価額が高過ぎること。Ｓ＆Ｐ５００の株価の割安／割高を相対的に示す景気循環調整後の株価収益率（ＰＥＲ）は、三八倍だ。ゴールドマンは、これが将来のリターンを低下させると指摘する。ちなみにこの景気循環調整後のＰＥＲは、一九二〇年代よりも高い。

次に、市場の集中度が過去一〇〇年間で最高の水準になっていることを挙げる。要は、一部のハイテク銘柄が指数を押し上げるという状態になっているということだ。過去の例からして、こうした状態は持続可能ではない。

第三の理由として、今後一〇年間は景気後退がこれまでよりも多く発生すると予想している。

第四の逆風は、企業の収益性だ。ゴールドマンはその根拠を先ほどの特定の企業による集中に結び付けており、市場の大手株の売上高や利益の伸びが減速すれば市場全体に大きな影響を与えると記している。

そして最後は、米国債（一〇年物）の利回りの相対的な水準だ。投資家が一連の好調な経済指標や高止まりしているインフレを受け、利下げの期待を再調整していることを挙げる。

実は、このゴールドマン・サックスのリポートが描く不幸なシナリオと似たようなことが、一九七〇年代にも起こっていた。当時のアメリカ経済はスタグフレーションに陥っており、長期金利が高止まりしたことから株式への資金流入が長期間に亘って細《ほそ》ったのである。まさに、一九七〇年代の米国株は「失われた一〇年」と言える有様《ありさま》であった。

長期金利の上昇は、相対的に株式の魅力を弱める。たとえばこの先、仮に私の予想が当たってアメリカの長期金利が六―八％のレンジに入ったとしよう。そうなると、「国債を買えばそれなりのリターンがもらえるから、無理に株を買うのは控えよう」という投資家が必ず増える。株が今までのように二桁のリターンを出し続けるという保証はない。半面、米国債はデフォルト（債務不履行）さえなければ名目の元本とリターンは保証される。しかも株価が過熱気味であれば、なおさら債券の魅力が際立ってくるはずだ。

私の予想では、近い将来米国債は暴落し、そこから米国株は相当な衝撃と共に「失われた一〇年」に突入する。まさに、大恐慌とその後の長期低迷がやってくるというわけだ。

中国発の大恐慌も射程圏内

米ニューヨークのヘッジファンドマネジャー、パーカー・クイラン氏は中国北部の天津市で高銀金融（ゴールルディン・フィナンシャル）が手掛ける新開発地区「天津ゴールルディン・メトロポリタン」を訪れた際、あれだけのスペースを一体どのように埋めるのかと疑問に思った。

最低一〇〇万ドル（現在のレートで約一億五六〇〇万円）から購入できるマンションがあるほか、ニューヨークのエンパイアステートビルより大きいオフィスタワーやオペラが上演できるホール、ショッピングモール、ホテルが計画されていた。総面積はモナコの国土より広くなる予定だった。

買い手を呼び込む策はあるのか、とクイラン氏は尋ねた。「ポロです」。同氏を案内した販売担当者はこう答えた。「ポロ？　馬の？」とクイラン氏は聞き返した。「いかにも」。彼女はこう答えたという。

乗馬服に身を包んだ担当者の案内で一〇〇頭余りのポロポニー（ポロ競技用の馬種）が飼われている厩舎《きゅうしゃ》を見て回った。クイラン氏は富豪でポロ愛好家でもある高銀金融の創業者がこのプロジェクトの実現可能性を調査したのかどうか尋ねた。彼女は「分からない」と答えた。

「そこで私は理解した。ポロ好きだとの理由で外国の企業経営者が天津にやってきて、ここに本社を構えるはずだという構想なのだと」とクイラン氏は言う。「信じられない思いだった」。同氏はニューヨークに戻ると、中国不動産株の下落に賭ける投資にもっと資金をつぎ込んだ。

（ウォール・ストリート・ジャーナル二〇一二四年五月二一日付）

二〇二四年五月二日付の米ウォール・ストリート・ジャーナルは、中国の不動産バブルを空売りして大儲けした投資家の興味深い逸話を紹介している。記事では、パーカー・クイラン氏だけでなく、そのクイラン氏が天津のポロ競技場を見て回った二〇一六年に香港在住の二人の会計士が中国本土を訪れ、米中級車ブランド「ビュイック」のレンタカーで視察に出掛け、中国の住宅市場に疑問を持ち、空売りを仕掛けたエピソードも載せている。

香港の会計士の一人、スティーブンソン氏は二〇二一年八月、恒大株が高値から九五％下げたとはいえ、まだ空売りでもうけられると指摘していた。株価はゼロになると見込んでいた。同年一二月、恒大の国際債券はデフォルトに陥った。二〇二四年一月、香港の裁判所は恒大に清算を命じ、同社株は一株二セントで取引停止になった。（同前）

かくいう私も、不動産バブル真っただ中の香港を顧客と偽《いつわ》って（マンション

を買うよう見せかけて）視察している。二〇一八年のことだ。その時のことは今でも鮮明に覚えている。なにせ、そこそこのマンションに途方のない値が付けられていたからだ。

また、その前年（二〇一七年）に香港のオフィスタワーとして過去最高額で売却された七三階建て高層ビル「中環中心」（ザ・センター）の活況振りを目の当たりにし、私は香港の不動産バブルは歴史上「最悪」の部類に入るのではないかと疑念を抱く。実際、その後オフィスタワーの価格が暴落し、現在では購入価格を五〇％近く下回る価格で提供されているスペースもあるとブルームバーグが報じている。

かつての日本がたどったように、中国は不動産バブル崩壊を経て、金融危機に至るプロセスの途中にあると私は見ている。中国の不動産価格は二〇二一年にピークを付けたがその後は急落し、ある分析によると、一八兆ドルの家計資産が失われた。住宅セクターが経済に占める割合は、約二四％から一九％に縮小している。不動産開発企業のバランスシートは壊滅的な状態だ。

国家外為管理局（ＳＡＦＥ）が公表した昨年の対中直接投資（ＦＤＩ）は、一六八〇億ドル（約二五兆二〇〇〇億円）の流出と一九九〇年に遡《さかのぼ》る同データで最大を記録している。アメリカとの貿易戦争が再開されたことで、資金流出は今後も続く可能性が高い。中国共産党はこの深刻な景気の落ち込みを、あろうことか〝輸出攻勢〟で補おうとしている。

オーソドックスな方法は内需の拡大だが、中国政府は安いモノを世界中に輸出して外貨を獲得しようというわけだ。これは、欧米だけでなくＡＳＥＡＮ（東南アジア諸国連合）や南米諸国などとも軋轢《あつれき》を生んでおり、率直に言って持続可能ではない。中国経済がさらなるドロ沼に浸かることは、ほぼ確実のように思われる。

日本の不動産バブルがピークを付けたのが一九九一年。それが金融危機にまで発展したのが一九九七年と、時差があった。これを中国に当てはめると、二〇二七年頃が危うい。一方で、中国の不動産バブルは二〇一九年がピークだったと見る向きもある。というのも、新築住宅建設は二〇一九年にピークを付けており、直近ではその三分の一程度にまで減少した。そうだとすれば、二〇二五年も危うい。

これは後の章でも述べるが、覇権の移行期には大国に挑戦する方（すなわち新興国）に資金が集まり、それがバブルとなっていずれ弾けるという〝アノマリー（変則的事実）〟が散見される。たとえば、アメリカの大恐慌がそれだ。そう考えると、中国からの資金流出には最大限の警戒が必要である。

私が懇意にする米ヘッジファンド・マネージャーのカイル・バス氏は、「次の震源地は中国（香港を含む）」と断言してはばからない。そのバス氏は、香港ドルのペッグ制が崩壊する取引にデリバティブの一種である「オプション」を用いて賭けていると公言している。

中国の不動産バブルは、一九二〇年代のアメリカや一九八〇年代の日本をしのぐ規模であったという分析が方々からなされており、その影響を私たちはいまだ過小評価している恐れは否めない。私は、中国発の大恐慌はもはや時間の問題と思っている。

まずは生き残れ！　儲けるのはそれからだ

「今の市場は私が若い頃とは比べものにならないほど、カジノ的な様相を見せている」――著名投資家のウォーレン・バフェット氏は二〇二四年二月下旬、恒例の「株主への手紙」にこう記した。バフェット氏は、自身が一〇代で株式投資を始めてからの長年の経験を踏まえ、過去に市場が急変してきたことに触れつつ、意味深長な警鐘を鳴らしたのである。

現在の市場がバブルかどうかを見破る術はないが（先に述べたように、バブルは弾けてみて初めてバブルであったと気付く）、賢明な投資家として知られるバフェット氏は、あるお気に入りの指標で株価の割高かそうでないかを判断することで有名だ。

それはずばり、「バフェット指数」と呼ばれる。これは、アメリカのＧＤＰに対する全上場株式（時価総額）の割合のことで、計算式は「株式市場の時価総額÷GDP×一〇〇」。バフェット氏は過去にこれを「どんな時でもバリュエーションを示す恐らく最良の単一指標」と言い、一〇〇を基準として、それを上回れば割高、下回れば割安と指摘した。

ちなみにこのバフェット指数は、二〇二四年一二月に過去最高の二〇九％を記録している。ドットコム・バブル（一九九〇年代終盤）でさえバフェット指数が一九〇％であったことを考慮すれば、過去最高を記録した今は、歴史的な高値圏にあると言えなくはない。当のバフェット氏も、手元の現金を増やしている――「株式保有の好ましい期間は『永遠』だと冗談めかして語る米著名投資家ウォーレン・バフェット氏は、米国企業への多額の投資を継続している。ただ、投資に回さない資金が現在ほど膨らんだことはない」（二〇二四年一一月一二日付ウォール・ストリート・ジャーナル）。

一方で、冒頭で述べたようにバフェット氏の盟友チャーリー・マンガー氏は「複利運用における最初のルールは、不必要にそれを中断しないこと」だと指摘している。これは真にその通りなのだが、それでもバフェット氏が昨今の類《たぐい》まれな〝熱狂〟に警戒していることは間違いない。

繰り返しの強調になるが、一九二九年の大恐慌は高値から底まで八割強という、まさに破滅的な下落であった。しかも、高値を取り戻すまでに二五年一ヵ月もの時間を要している。皆さんは、この現代でそうした事態が再現される可能性は高くないと思っているだろうが、私に言わせるとその可能性は「高い」。世界の債務問題を考慮すれば尚更《なおさら》である。

ここは、大恐慌で見事に株を売り抜けたジョセフ・P・ケネディを参考とすべきタイミングではないだろうか。投資に精通する人なら誰しも、「靴磨きの少年」の逸話を一度は聞いたことがあるだろう。この逸話の主人公がそのジョセフで、暗殺されたジョン・F・ケネディ大統領の父だ。

時は一九二〇年代。常に靴を磨くことを習慣としていたケネディは、ウォール街の路上で働く靴磨きの少年ボローニャの元に足しげく通い、必ずこういった質問をぶつけていたという――「景気はどうだい?」。

お決まりの質問に対し、少年ボローニャはいつも「そこそこさ。まあ、僕は生活できるだけのお金があればいいんだよ」と返していた。

ところが、そんな二人の間にある重大な変化が起こる。それは、アメリカ全体が相変わらずの好景気に沸いていた一九二九年七月二三日のことだ。

その日、朝からケネディは株を買い増すべきかどうか悩んでいたという。もちろん、それでもケネディが靴磨きという日課を怠ることはない。この日の朝もボローニャの元へと向かった。到着後、ケネディは片方の足を差し出して新聞を広げる。いつもと変わらない光景だ。そして、おなじみの質問を繰り出す──「景気はどうだい?」。

ケネディは当然、いつもと変わらない返事が戻ってくると思っていた。しかし、この日のボローニャは次のように返したという──「旦那、俺も株をやりたい。良い銘柄を教えてくれないか?」。

聞き慣れた返事が戻ってくるだろうと高《たか》を括《くく》っていたケネディは、表情には出さなかったものの呆気《あっけ》に取られてしまう。そして、靴磨きが始まったばかりだというのに「今日はもういいよ。もう行かなくちゃいけないんだ」と言ってチップと料金を手渡し、そそくさとその場を立ち去った。不思議そうにするボローニャに対し、ケネディはこんな言葉を残したという――「ありがとう。株は私が選んであげるよ。くれぐれも自分で選ぶことのないように」。

ケネディはボローニャの一言から市場の〝過熱感〟を悟ったのである。ケネディは、株式に精通していない者までもが投資を考えているという風潮に強い危機感を覚えた。そして、会社へ着いたケネディは、周囲の猛烈な反対を押し切って保有するすべての株式をその日のうちに売り払ってしまう。

それからおよそ三ヵ月後の一〇月二四日、全世界が震撼《しんかん》した。俗に言う「ブラック・サーズデー（暗黒の木曜日）」である。ニューヨーク株式市場が大暴落を起こした日であり、今でも「アメリカが死んだ日」とウォール街の歴史に刻まれている。ここから始まる一連の暴落劇により、信用で株を買い漁《あさ》っていた多くの資産家が地獄に転落する。

もちろん、これは序章でしかなかった。ご存じのように、その後のアメリカはバンク・ホリデー（預金封鎖）や一九三七年のルーズベルト不況、ひいては第二次世界大戦まで経験することになる。

さて、この難局を乗り切ったケネディの人生は、文字通り大きく変わった。資産の保全に成功したケネディは、それを元手に極めて割安となった株式を買い漁り長期で保有する。これが「ケネディ財閥」の礎《いしずえ》となった。そして、その絶大な資金力を武器に、二人の息子を大統領と司法長官にまで上り詰めさせたのである。もしかすると、ボローニャの存在がなければ第三五代大統領は別の人物が就任していたかもしれない。

一方のボローニャは、不況のあおりを受けて廃業の危機に瀕《ひん》した。ところが、「廃業しようと決意したボローニャを、ケネディが窮地から救った」という逸話が残っている。逸話によると、およそ三ヵ月振りにボローニャの前に姿を現したケネディは、感謝の気持ちと共に数枚の株券をボローニャに渡したそうだ。それは、鉄鋼大手USスチールの株式だったと言われている。このUSスチールの株はブラック・サーズデーで一七ドルまで値下がりしたが、およそ二年後には二〇〇ドルまで上がった。

そう、ケネディはボローニャとの約束を守ったのである。「ありがとう」とボローニャが心から感謝の念を伝えたのに対し、ケネディは「私の方こそありがとう」と応じたという。そして、こういったアドバイスを付け加えた――「これだけは約束してくれ。その株は何があっても一〇年間は手放すな」と。

さて、このジョセフ・ケネディの逸話は創作だという説もある。しかし、ジョセフが大恐慌の直前に株を売り抜けて結果的に大きな財を成したことは事実だ。

もちろん、バブル（天井）を見抜き、株を売り抜けることなど〝至難の業〟と言える。読者の皆さんも含め、私たちがこれを再現するのは容易ではない。しかし、私は強く進言する。大恐慌の再来を視野に入れ、少なくとも全財産の半分は守りを固めるべきだ、と。

私は預言者ではないし、過去には予想を外したこともある（それも何度もだ）。とはいえ、世界経済の長期サイクルや債務問題を鑑みれば「破綻は目前」に映る。コトが始まってからでは遅い。やはり、すぐに避難を始めるべきだと私は強く言いたい。

二〇二五―二六年のトップ・リスク10

私はかねてから、「八〇〇年周期」を重宝してきた。これは、およそ八〇〇年を周期として東洋と西洋の隆盛が交代するという説である。そして、その交代に当たる季節が、まさに〝今〟なのだ。

恐ろしいことに、この交代期には戦争・恐慌・伝染病・天変地異が頻発する。これは、「悪いことは重なる」という一種の自己実現的な法則かもしれない。要は思い込みの類なのだが、それを含めて「下り坂はいつも急」なのだ。

平時であれば乗り越えられるリスクも、転換点ではそのリスクが崩壊（良く言えば変化）を加速させる。そこで、「二〇二五―二六年に起こり得る10大リスク」を六一ページの図にしたので参考にしてほしい。

一方で、逆境こそ機会だ。いつの時代も転換期にこそ資産家が輩出《はいしゅつ》される。

2025-26年に起こり得る10大リスク

	リスク事案	実現度	破壊力
1	米国債暴落	60%	70%
2	AIバブル崩壊	60%	60%
3	太陽フレア爆発	20%	80%
4	南海トラフ（巨大津波）	20%	1100%
5	首都直下型地震	20%	100%
6	富士山噴火	30%	70%
7	ウクライナ戦争のエスカレート	60%	40%
8	中東紛争のエスカレート	60%	50%
9	第2次朝鮮戦争	40%	70%
10	台湾有事	20%	90%

前述したジョセフ・ケネディもその一人だ。世界のすべてをぶっ壊したと評しても過言ではない大恐慌を生き残ったことで、文字通り彼の人生は一変したのである。だからこそ危機に身構え、むしろそれをチャンスにするくらいの度胸を持ってほしい。

ジョセフ・ケネディは大恐慌の後に次のような言葉を残している——「最高値まで頑張るのは、ばか者だけさ。私はこうして健在だ。私は勝ったのだ」。

そう、まずは生き残ってほしい。それができれば、おのずと儲ける道が見えてくるだろう。

第二章　トランプがぶち壊す世界秩序、そして第三次世界大戦

政治とは歴史を作ることだ!!

（アドルフ・ヒトラー）

トランプ劇場第二幕は破局への序章⁉

「問一：歴史の分岐点となった二〇二五年において、世界で最も注目された人物は誰か？」――後世、この問いは中高生の歴史の試験に頻出《ひんしゅつ》する基本問題になるかもしれない。もちろん、その答えは――「ドナルド・トランプ」第四七代アメリカ大統領だ。その理由は言わずもがな、その型破りな発言と政策によって世界に次々と混乱を撒き散らしているためだ。

二〇二四年一一月、下馬評《げばひょう》を覆《くつがえ》す票差によって大統領選を制し、二度目の大統領就任を決定したトランプ氏は、就任前から破天荒《はてんこう》とも常識外れとも言えるような発言を次々と連発し、世界中を不安と疑念の渦に陥《おとしい》れた。

「カナダはアメリカの五一番目の州になるべきだ」「アメリカにはグリーンランドが必要だ」「パナマを取り返す」「私にとって辞書の中で最も美しい言葉は、タリフ（関税）だ」――これら「刺激的」な発言を数え上げればきりがないが、その発言の真意を世間は「彼は生粋《きっすい》のビジネスマンであり、アメリカの国益にかなう『ディール』のために各国にふっ掛けている」と理解してきた。なにしろ、これらの発言が本当に政策として実行されれば、それは大きな軋轢《あつれき》と混乱を生み、第二次世界大戦以降築き上げられてきた世界秩序に深刻な打撃を与えかねないからだ。「本当にやるわけがない」「彼にも常識はあるはずだ」――多くの人は、そう高を括っていた感があった。

しかし、蓋《ふた》を開けてみればこれらの発言は決して単なるブラフではなかった。一月に発足したトランプ政権は二月初頭にはカナダ、メキシコ、中国に実際に関税引き上げを宣告し、その後も世界各国に次々と関税引き上げを表明し始めた。ここで初めて人々は戦慄《せんりつ》と共に気付いた――「ヤツは本気だった」のだと。

カナダ、メキシコについては、早々に外交交渉が行なわれ関税は一旦延期されたものの、中国についてはWTO（国際貿易機関）の規則に違反しているとアメリカを批判、報復措置を講じるとして対決姿勢をあらわにした。

さらに二月末には、衝撃的な出来事が起きた。かねてからロシアとウクライナの戦争を停戦させると公言していたトランプ大統領が、ウクライナとの交渉に乗り出し、当初はウクライナ東部に眠る鉱物資源権益を軸に合意間近と見られたものの、ゼレンスキー大統領との直接対談で双方が感情むき出しの口論へと発展、交渉が完全に決裂したのだ。

ドロ沼の戦局を打開する期待は打ち砕かれ、ウクライナはアメリカからの軍事支援という後ろ盾を失いかねない状況となった。欧州各国がウクライナの軍事支援と軍事費増額を次々と打ち出しているが、見ようによってはむしろ欧州全体がウクライナ戦争に引きずり込まれかねない構図とも言える。

戦争も民族闘争もすべて「ディール」で仕切る男

いまや、世界中のあらゆる国々が彼の一挙手一投足《いっきょしゅいっとうそく》に戦々恐々としている。なにしろ、トランプ大統領には今までの「常識」が通用しない。「覇権国家であるアメリカは世界秩序の安定・維持に責務を負っており、極端な外交交渉を行なうことはない」というのが冷戦終結以降の暗黙の「常識」だった。またアメリカは、共産主義や独裁主義の国に対しては原則として対決的な姿勢を取るが、民主主義陣営の国々には協力的・融和的な姿勢で臨むというのもこれまでは「常識」だった。

しかし今回のウクライナとの交渉決裂は、そのいずれをも完全に否定する格好となっている。交渉の最中、トランプ大統領はウクライナの安全保障についてこう語った――「私は安全保障について、あまり多くを確約するつもりはない。ヨーロッパにやってもらうつもりだ。なぜなら、お隣だからだ」。今までのアメリカであれば、民主主義陣営であるウクライナに対し「最大限の支援を約束する」などと言ったものである。しかし、トランプ大統領はそれを明確に否定したのだ。

これからアメリカは、中国やロシアのようにイデオロギー的観点から対立する国々のみならず、日本をはじめとした同盟国に対してすら、容赦《ようしゃ》なく自国優先の論理で交渉を進めてくることが容易に想像される。しかも、圧倒的な国力差とその背後にちらつく軍事力によって、なかば「恫喝《どうかつ》」同然にそれを迫られるとすればどうか。いかなる国のトップと言えど、戦々恐々とならずにはいられないだろう。

本稿執筆時点の三月初旬では、トランプ大統領が公言したいくつもの「刺激的」な政策のうち、具体的な動きがあったものは「関税」と「ウクライナ戦争」に留まっている。それでも世界にこれだけのインパクトを与え、関係諸国がその対応に追われているというのは極めて重大なことだ。トランプ大統領が言及していることで、これから具体的に着手する問題がまだまだ目白押《めじろお》しなのだから、実に前代未聞だ。

今、ウクライナ戦争と共に世界中が憂慮するもう一つの戦争がある。「パレスチナ・イスラエル戦争」だ。トランプ大統領は、中東で勃発《ぼっぱつ》したこの戦争についても早期終結させると断言している。ウクライナとの交渉は一旦破談となったが、早晩こちらも具体的に動きだすだろう。

アメリカは、親イスラエルの国である。その原動力は、アメリカの権力中枢にもしっかり食い込んでいる「イスラエル・ロビー」の存在だ。全米に三〇〇以上の団体があると言われ、潤沢《じゅんたく》な資金力にものを言わせてアメリカの政治にも大きな影響力を持っている。それを象徴するのが、アメリカがイスラエルに行なっている巨額の軍事支援だ。年間三八億ドル規模（約五七〇〇億円）とされ、アメリカの軍事支援先としてはダントツのトップである。

また、イスラエルが建国を宣言した一九四八年当時、イスラエルが中東諸国との対立など難しい状況の中で、いち早く建国を承認したのがアメリカだった。なんと、建国宣言からわずか一一分後のことで、もはや「あらかじめ周到に段取りされていた」というレベルの話である。このことだけ見ても、いかにアメリカがイスラエルに肩入れしているかよくわかるだろう。

こうした中でも、トランプ大統領は特に親イスラエルとされる。なにしろ、「歴代で最もイスラエル寄りの大統領」を自認し、エルサレムをイスラエルの首都と認定したり、「我々は一〇〇％、イスラエルのために戦う。一〇〇〇％戦う。永遠に戦う」と発言したり、米大使館をわざわざテルアビブからエルサレムに移転するなどしているのだ。

なお、エルサレムはユダヤ教、キリスト教、イスラム教の聖地とされ、パレスチナ人も多く住む。第一次世界大戦下にイギリスが行なった「三枚舌外交」の影響で、中東には領土をめぐる深刻な問題が根を張っており、複数の宗教勢力・民族がエルサレムを「自分たちの土地」と主張して譲らない。まさに、中東の混迷を象徴する「因縁《いんねん》の地」なのだ。

こうした経緯から、イスラエルはエルサレムを首都と宣言しているものの、国際社会はこれを認めていない。その文脈の中で、あえてトランプ大統領はエルサレムに言及しているのだ。筋金入りの「イスラエル推《お》し」というわけだ。

そもそもアメリカは、宗教的な点でも親イスラエルとなる背景がある。アメリカ最大の宗教勢力であるキリスト教福音派では、聖書にある一節を「神がイスラエルをユダヤ人に与えた」と解釈しており、イスラエルを支持している。信仰の中にイスラエルへの強いシンパシー（共感・同情的な感情）を持っており、それはなかばアイデンティティや価値観の一部にすらなっているのだ。

無宗教を自認する人が多い日本人にとっては理解しがたいかもしれないが、彼らにとって信仰とは自らの人生の指針であり、価値観である。必然的に、日常生活のみならず、政治も信仰によって培《つちか》われた価値観が反映されるべきと考える。当然、親イスラエル的な人物や政策が支持され、そうでなければ拒絶されるのだ。

民主党の大統領候補だったカマラ・ハリス氏は、人道主義的なスタンスからパレスチナに配慮する姿勢を見せていたものの、それでも「私はイスラエルの自衛の権利を支持する」とイスラエル支持のスタンスは崩さなかった。つまり、アメリカにおいて過半の国民の支持を得ようとするならば、親イスラエルであることはなかば必須条件なのだ（なお、イスラエル・パレスチナ戦争の勃発以降、若年層を中心にパレスチナ支持の抗議デモが発生した。アメリカ国内の親イスラエルが大きく変容しているとしてニュースにもなったが、しかしまだ親イスラエルの政治判断を覆《くつがえ》すほどの大きな動きには至っていない）。

もうおわかりだろう。親イスラエル国家であるアメリカの中でも筋金入りのイスラエルシンパであるトランプ大統領が停戦協定に乗り込むのだから、その内容がイスラエル寄りにならない道理などないということだ。

バイデン政権時、アメリカは人道的理由からイスラエルに対して部分的な武器禁輸措置を行なっていたが、トランプ政権ではこれを早々に撤回した。さらに、四〇億ドル相当の軍事支援を行なうことも表明している。

そしてさらに、突拍子《とっぴょうし》もない「トランプ節」もさく裂した。戦闘が繰り広げられているガザ地区を、アメリカが長期的に領有して再建し、住民を別の場所に移住させるという構想をぶち上げたのだ。これにはさすがに中東・欧州各国が一斉に批判しており、実現の可能性は相当低いと思われるが、しかしお得意の「ディール」でゴリ押しを迫ることも十分に想定しておくべきだろう。

最終的に、どのような具体案で停戦合意にこぎ着けるかは現段階では未知数ではあるものの、ウクライナとの交渉を見ていれば少なくとも一つは想像が付く。それは、彼はパレスチナの人道支援や中東地域の安全保障になんら責任を負うことはない、ということだ。

停戦交渉のために軍事支援の一時凍結を行なうのか、はたまたアメリカが直接的に戦闘に介入するのかなどは未知数であるものの、人道問題を切り捨ててでも停戦を優先させる選択をする可能性はかなり高いだろう。こうなれば、パレスチナの背後に立つイランとの対立激化は必至だが、トランプ大統領にとってはイランとの対決もむしろ望むところかもしれない。

前の在任中には、イランへの圧力政策によってイランが核合意から離脱し、アメリカはイラン産原油の禁輪といった経済制裁を行なうという応酬が繰り広げられた。今回、パレスチナ問題を引き金として両国はさらに対決を深化させる可能性がある。そうなれば、中東地域での大きな火種になるだろう。

中東情勢の悪化は、エネルギーを中東に頼る日本にとって経済的に大きな負の影響をおよぼす。しかしながら、おそらくアメリカにとってはそれすら「ディール」になり得る。「中東に頼らずともアメリカから石油と天然ガスを買えばよい」——アメリカの経済にとっては、格好のお得意様が増えるのだから、彼にとっては悪い話ではないはずだ。

他国の土地も俺のもの⁉　トランプの壮大な「買い物リスト」

トランプ大統領が言及しているのは、こうした強引な手法による戦争終結に留まらない。それどころか、実力行使による国境線の改変にすら意欲を示している。その一つが、「デンマーク領グリーンランド自治州の買収案」だ。これが、百歩譲って、いや一万歩譲って敵対国家に飲み込まれそうな小国の土地を手に入れたい、という話ならまだわかる（それでも覇権国が戦争をふっ掛けるような話だが）。しかし、デンマークはＮＡＴＯに加入する、れっきとしたアメリカの同盟国だ。その国の自治州をカネで買うどころか、応じない場合には軍事力の行使も辞さないと、丁寧に脅《おど》し文句まで付けたのだ。

ハッキリ言って、もうムチャクチャである。当然、各国から猛然と批判が上がった。当事者たるグリーンランドのムテ・エーエデ自治政府首相は「グリーンランドは売り物ではない」と発言、ドイツのショルツ首相は「ある種の理解しがたさがある」「国境不可侵の原則は、東西を問わずすべての国に適用される」と強調した。フランスのバロ外相は「我々は弱肉強食の時代に戻ったのかと問われれば、答えはイエスだ」と明確な懸念を示した。

なぜ、トランプ大統領がグリーンランドを欲しがるのか。その理由はいくつか考えられる。まずは「資源開発」だ。地球温暖化によって北極海の氷が解け、グリーンランドでは新たな島が発見されるなどしている。これによって、世界有数と言われるレアアースの資源開発が大きく期待されている。中国はこれに目を付けており、資源獲得が今後の経済競争に大きな影響をおよぼすと考えられるのだ。

そして、もう一つの理由が「国防上の懸念」だ。氷が解けることで北極海航路の開拓が可能となってきた現在、中国やロシアが北極海に侵出することで、アメリカには安全保障上の問題が新たに生じることとなった。そこでグリーンランドを領有し、軍事的要衝とする構想が持ち上がったのだ。

ただ、国益を理由に同盟国の領地を自国に組み入れるという発想は、明らかに尋常《じんじょう》ではない。第二次世界大戦以降、世界の安全保障は国家間の同盟関係で強化されてきた（厳密に言えば、一六四八年のウエストファリア条約によって主権国家体制が確立して以降、各国は互いの自立性を認め、同盟関係によって国家間の力の均衡を保つことが大前提となった）わけだが、トランプ大統領の「グリーンランド領有構想」は、明らかにそこから逸脱《いつだつ》している。

悪意のある言い方をすれば、「デンマークは信用や信頼に足らないので、私たちにとって大事な土地は領有して自分で開発し、防衛する」と言っているようなものである。近代以降に西洋諸国が築き上げてきた「主権国家体制」という国家間の基本的合意事項すら、トランプ大統領にとっては「無用な旧態の常識」でしかないということかもしれない。

そのトランプ大統領は、パナマ運河にも食指《しょくし》を伸ばしている。パナマ運河はスエズ運河と並ぶ海運の要衝《ようさい》で、太平洋と大西洋を最短距離で結んでいる。運河開通は第一次世界大戦が起きた一九一四年で、長期に亘ってアメリカが管理していたが、一九九九年にパナマに完全返還されている。

パナマ運河が構想された歴史は意外に古い。大航海時代、アメリカ大陸の植民地化を進めていたスペインがパナマ地峡を発見すると、一五三四年に運河建設に向けた調査を指示したのが始まりとされる。しかし、当時は建設技術が追い付かなかった。時代が下り一九世紀に入ってスエズ運河が完成すると、その建設者であるフェルディナン・ド・レセップスが計画を立案し、パナマ運河会社を設立して資金を募った。そして、フランスが主導する形で建設は始まったものの、疫病《えきびょう》の蔓延《まんえん》や工事の技術的問題、さらに資金調達でも難航し、最終的にパナマ運河会社は破綻し、計画は放棄された。

二〇世紀に入ると、産業革命によって陸運・海運が大きく発展する中で、軍事的・経済的な理由からパナマ運河の需要は大きく高まった。当時、太平洋と大西洋を結ぶ海路は、南米大陸を大きく迂回《うかい》するルートしかなかった。しかも、南米大陸の最南端に位置するホーン岬とサウス・シェトランド諸島（南極半島の北側の諸島）の間のドレーク海峡は、世界でも最も荒れる海域である。こうした状況下で運河開発は、太平洋から大西洋間の海運に掛かるコスト・時間・

リスクの大幅な圧縮が可能となるため極めて高い意義を持つようになった。

これに着目したアメリカは、揚々として運河開発に乗り出した。かくして一〇年以上の歳月を経て完成された運河は、その後のアメリカに計り知れない恩恵をもたらしたのだ。

しかし、パナマ運河を巡るアメリカのやり口は、他国への経済的侵略といっていいようなもので、その後国際社会からの大きな批判の対象となり続けた。元々パナマはコロンビアが領有していた土地だが、パナマ運河の権益を独占したいアメリカがパナマ地域の独立運動を軍事支援し、パナマ共和国を強引に独立させたのだ。そして独立早々、パナマ新政府との運河開発の条約を承認させ、開発に着手した。

パナマをなかばアメリカの属国にするこの手法は、二〇世紀初頭の帝国主義の気配が色濃く残る時代においては「ありがちな手口」であったものの、第二次世界大戦を経て世界中の植民地が独立を果たすと前時代的で野蛮な「占領政策」のように見なされ、世論の批判が集中するようになった。

そして一九五六年、スエズ運河がエジプトによって国有化されるに至って、いよいよパナマ国内でも運河の全面返還を求める声が高まった。

それでもアメリカは、パナマ運河の権益に固執した。一九七七年には新パナマ運河条約が成立し、一九九九年までにアメリカの主権を終了することが約束される。しかしその後、アメリカとソリが合わないノリエガ将軍が軍事独裁の首班に就くと、運河権益への悪影響を懸念したアメリカは、これを排除して運河支配権を維持しようともくろむ。

一九八九年、ブッシュ（父）大統領は麻薬密輸への関与や政権の反民主主義的な性格を口実にパナマ侵攻を指示し、ノリエガ政権を実力排除したのだ。

しかし一九九〇年の冷戦終結によって、国際関係のあり方はさらに大きく変容した。アメリカによるパナマ支配に対して、世論の批判はいよいよ高まった。結局、パナマ運河は一九七七年の条約に取り決められた通り、一九九九年に返還された。

トランプ大統領は、こうした文脈の上であえて「パナマ運河を取り戻す」と言っている。その理由はこうだ――「アメリカはパナマ運河建設にかつてないほどの巨額の資金を費やし、三万八〇〇〇人の命を失った。私たちは、決してするべきではなかったこの愚かな贈り物によって非常にひどい扱いを受け、パナマが我々にした約束は反故《ほご》にされている。我々の取引の目的と、条約の精神は完全に侵害されている。アメリカの船舶はひどい過剰請求を受け、いかなる方法、形態においても公平に扱われていない。これには米海軍も含まれる。中国がパナマ運河を運営しているが、我々は中国ではなくパナマに運河を与えたのだ。アメリカは運河を取り返す」（トランプ大統領就任演説）

パナマ政府も黙っていない。ホセ・ラウル・ムリノ大統領は運河が中国によって運営されていることを否定、「運河はパナマのものであり、今後もそうだ」と反論した。またパナマ国内では、トランプ大統領に対する抗議運動が巻き起こっている。

トランプ大統領がパナマにゆさ振りを掛けることで、パナマから運河使用に関する有利な条件を引き出そうとしているという可能性は高いだろう。しかし、前述のグリーンランド買収の話といい、トランプ大統領は自国の核心的利益や安全保障上の死活問題に関わることについては、他国を介在させず自国で管理・解決できる状況を目指しているように見える。となると、パナマ政府と「ディール」をすることで条件を引き出すよりも、運河を直接アメリカの管理下に置く方を真剣に考えているとしても不思議はない。そうなるとコトは厄介だ。トランプ大統領は、「一九世紀の帝国主義的国家」に先祖返りしようとしているのかもしれない。

トランプが描く「北米巨大帝国」の夢!?

こうした文脈を敷衍《ふえん》すると、さらに恐ろしいシナリオも見えてくる。グリーンランド、パナマと同様にトランプ大統領はカナダの合併にまで言及し、「彼らは（アメリカの）州であるべきだ」とまで述べている。

アメリカとカナダはこれまで非常に緊密な外交関係を築き上げてきたが、トランプ大統領はアメリカがカナダに対して抱える巨額の貿易赤字を特に問題視している。二月九日のFOXニュースでは、「なぜ、我々は毎年二〇〇〇億ドルの実質的な補助金をカナダに支払わなければならないのか。カナダが五一番目の州であるのならば払うのも構わないが」と発言した。これ以外にも、カナダからの不法移民や合成麻薬のアメリカへの流入も問題視している。

日本にいる私たちにはなかなか実感が湧きづらいが、アメリカにおける不法移民問題は極めて深刻で、社会が崩壊しかねないほどの様々な問題が起きている。また、合成麻薬の密輸入問題も重大だ。中でも「フェンタニル」と呼ばれる合成麻薬は、モルヒネの一〇〇倍、ヘロインの五〇倍もの効力があり、ごく少量で人間を完全に廃人《はいじん》にしてしまう。価格も安く、アメリカでは若年層を中心に急速に蔓延しており、極めて重大な社会問題となっているのだ。

トランプ大統領は、こうした諸問題の原因がカナダにあるとし、「実質的な補助金を払っている以上、五一番目の州になるべきだ」としているのだ。まあ、これも相当ムチャクチャな話だが、もし仮に本当に五一番目の州になったとすると、アメリカは覇権国としての国力をさらに大幅に増強することになるだろう。人口こそ大きくは増えない（カナダの人口は約四〇〇〇万人）が、カナダの国土はロシアに次ぐ第二位であり、第三位のアメリカと合わせるとロシアを抜いて世界第一位の国土を持つことになる。北米大陸を実質的な単一国家とした、「巨大帝国」が誕生することになるのだ。

もちろん、たった四年の政権期間でトランプ大統領にこのような大幅な世界地図の書き換えができるとはにわかには信じがたい。しかし、彼が在任中にアメリカ世論を糾合《きゅうごう》し、実現への道筋を付けることができれば、それは歴代のどの大統領にも比肩《ひけん》し得ない偉大なレガシー（遺産）となるだろう。彼がそれを真剣に追い求めているとしても、私はなんら不思議には感じない。

こうして見て行くと、「トランプ劇場」の第二幕は、まさに怒涛《どとう》の幕開けと言うにふさわしいほど常識外れの話が目白押しである。これが、選挙の勝利からわずか一－二ヵ月間で次々と繰り出されたのだから恐ろしい。情勢の推移によっては、さらに突拍子もない政策を出してくるだろう。とすれば、この先の世界情勢はまったく先の読めない、激動と混沌《こんとん》そのものとなることは必至だ。

さて、ここで一つ気になるのが、「一体、彼はいかなるアメリカ、いかなる世界を思い描いているのか」という点だ。トランプ大統領は「アメリカを再び偉大な国にする」ということしか言わないが、それが最終的にどのような姿で、それによってこれからの世界がどう変容するのか、少し思いを巡らせてみたい。

なぜ今、再びのトランプなのか？

トランプ大統領が今後どのようなことを仕掛けるのか、予測するのはなかなかに困難だが、彼の来歴とアメリカの現在を見て行くことで見えてくるものがある。トランプ大統領についてはすでに自伝や評伝などがいくつも出ているが、大まかに彼の人となりや考え方を推測する参考となる部分を見て行こう。

ドナルド・トランプは一九四六年、ニューヨーク市に父フレッドと母メアリー・アンの第四子として生まれた。父はドイツ系のアメリカ人で、ニューヨーク市の裕福な不動産開発業者だった。子供の頃はやんちゃ者で、音楽の先生を殴るなど攻撃的で自己主張が激しかったという。手を焼いた父は、彼を軍隊式の私立学校に入れ、厳しく教育を施《ほどこ》した。

父の仕事の影響からか、不動産業に興味を持ったトランプ氏は、世界最高峰のビジネススクールとも称されるペンシルベニア大学ウォートン・スクールに進学、卒業後は父親の支援を受けてオフィスビル開発、ホテルやカジノ経営といった不動産業に乗り出す。経営手腕は非常に優れていたようで、一九八〇年代には「フォーブス誌」の富裕層リスト入りを果たし、財界のニューリーダーとして大いに注目されている。

その後、不動産以外にもプロフットボールリーグのオーナーや、買収した航空会社を経営するなど幅広い業種に進出するが、九〇年代に入るとカジノやホテルが倒産、航空会社やニューヨーク最高級ホテルにして、かの「プラザ合意」でも有名な「プラザ・ホテル」など、所有していたものを次々と手放すこととなった。さらにモデルとの浮気が発覚し、ドロ沼の離婚訴訟を繰り広げたのもこの時期である。

極めて困難な時期を過ごしたトランプ氏だったが、ロスチャイルドなどの協力を取り付けて資金繰りを付け難局を乗り切ると、九〇年代後半からは好景気の波に乗って復活を遂げ、再び「フォーブス誌」のアメリカトップ企業四〇〇社にランクインするようになった。

往時《おうじ》の勢いを取り戻したトランプ氏は、余勢《よせい》を駆《か》って政治の舞台にも挑戦する。二〇〇〇年、ロス・ペローが設立した改革党から米大統領選挙への出馬を表明した。財政赤字削減のため富裕層に一度だけの税を課すことや、同性愛者差別の禁止、国民皆医療保険の実現などを掲げメディアの注目を浴びるも、この時は党内の内部対立を理由に選挙戦前に撤退している。

ちなみに、この時期に彼が出した著書の中で「われわれは今、テロ攻撃の脅威にさらされている。今度くるものは、あの（一九九三年ＷＴＣ地下駐車場で起きた）世界貿易センター爆破事件なんて〝ガキの爆竹〟に思えるくらいの規模のものだ……」という言及をしている。「９・11」を予言したかのような話だが、トランプ氏は存外、国際情勢を正しく把握する能力を持ち合わせているのかもしれない。

さて、大統領選を断念したトランプ氏だったが、引き続き様々なビジネスに進出する意欲は旺盛だった。二〇〇四年、NBCのテレビ番組「アプレンティス」にホストで登場すると、彼の会社に正社員として入りたい出場者に「You're fired」（お前はクビだ）と宣告するセリフが人気を博《はく》す。この番組はトランプ氏が大統領選に出馬する二〇一五年まで続き、すでに財界で有名だった彼の知名度を全米の誰もが知るレベルにまで高める役割を果たした。

そして二〇一六年、共和党から米大統領選に出馬したトランプ氏は、ついに大統領の座を勝ち取る。政治経験のない、異例の経歴の大統領の誕生だ。そこから常識破りで破天荒な政策や、過激な言動などといった「トランプ劇場」の第一幕が始まったことは周知の通りだ。パリ協定からの離脱、TPP離脱とNAFTA（北米自由貿易協定）の再交渉、不法移民の徹底排除などを断行し、また中国との貿易問題については得意の「ディール」で強気の政策を実施した。

それまでのアメリカとはまったく異なる「自国ファースト」の強硬かつ強引なやり方には毀誉褒貶《きよほうへん》が付きまとったが、実は私たちが想像するよりもずっとアメリカ国内での支持は厚かった。実際、二期目を掛けた二〇二〇年の大統領選挙ではジョー・バイデン氏に競り負けたもののそれを認めず、トランプ氏の熱狂的支持者の一部が連邦議会に乱入する事件も起きている。

そして、二〇二四年の大統領選である。大方のマスコミが民主党勝利を予想する中、下馬評を覆してのトランプ氏の勝利は、いかに米国民が彼に期待しているかを明らかに示している。おそらく、日本人の多くは国内メディアの偏向的な報道のせいでトランプ大統領に対してあまり良くないイメージを持っており、彼が支持を集めている理由がいまいちわからないのではないかと思う。「アメリカ人は気でも狂ったのか」とすら考えたくなるが、そうではない。「トランプ劇場」の第一幕を「内側」で経験した米国民は、それでもなお（あるいはむしろ）彼を選んだのだ。

彼と彼の政策、またそのやり方を、アメリカ人は好意的に受け入れている。

それは実際にアメリカに行き、あるいはアメリカ人に話を聞くとよくわかる。

私は、その理由がいくつかあると見ているが、まず挙げられるのが、彼がある種の不思議な「人間的な魅力」を備えているという点だ。彼の言動を一言で表すならば「タフガイ」、屈強《くっきょう》で手ごわいビジネスパーソンのそれだ。紋切《もんき》りな言い方だが、アメリカ人はそうした力強く実行力がある人間が好きだ。リーダーとしての力強さ、政治的実行力を、米国民は一期目でその目に焼き付けていたのだ。

また、彼の語り口には人を引き付ける力がある。彼の人となりがにじみ出るかのようなあの感じは、田中角栄が持っていた（同じく政治家として毀誉褒貶は多かったが）ものにも通じていると私は考えている。

私は、過去に一度だけ田中角栄の講演会を聞いたことがある。それは、ある時大阪で行なわれた講演会に取材に行った時のことだが、その印象は鮮烈なものだった。会場は一〇〇〇人以上の人がすし詰めだったため、私は会場の最後方に脚立を立て、ものすごい望遠レンズでなんとか彼を写真に収めようとしていた。

しかし私はその時、人生で初めての経験をすることになった。なんと、彼の話にすっかり引き込まれて、なかば仕事を忘れて聞き入ってしまったのだ。テレビなどで彼の話すのを見たことがある方も多いかもしれないが、彼は独特の親しみやすいダミ声で、難しい言葉はほとんど使わず、単純明快に話しをする。「皆さん、これはね、×××なんですよ！」——とにかく短く、わかりやすく、そして言い切る。そして、同じことを反復《はんぷく》して話すのだ。この時のものすごい人数の聴衆も、その話しぶりにすっかり感銘を受け、聞き入り、そして説得されて行ったのだ。

もちろん、これは彼の人となりだけのなせる業ではないだろう。演説や説得には、効果的な「術《すべ》」というものがある。子供でもわかるような、平易で簡潔な言葉で言い切ることや声の調子や大きさ、態度、表情、身振りなど、話術には人の印象に残り、信じ込ませる適切な方法や加減がある。そうした技術的なものも総合された結果として、人々を引き込み、話し手の言うことを信じさせるのだ。

これは、トランプ大統領の話し方にも通じている。その典型例は、いわゆる「ワンフレーズ・ポリティクス」と言われるものだ。非常に短いフレーズでわかりやすく簡潔に政策の方針を打ち出すやり方は、大衆に刺されば非常に強力なメッセージとなる。実際、トランプ大統領は「Make America Great Again」（アメリカを再び偉大な国に）や「Drain the swamp」（沼のヘドロを抜く〈政府の汚職を無くするという意〉）といった、子供にもわかる平易な英語を好んで用い、しかもそれを何度でも繰り返している。

このやり方には、もちろん〝功〟だけでなく〝罪〟の部分もある。トランプ大統領は、明らかにウソと思しいことや、あるいは真偽が不明なことでも平気で断言するが、その自信に満ちた話しぶりからすっかり信じ込んでしまう人々も少なくない。「ウソも百回言えば真実」とばかり、何度も同じことを繰り返すうちに、やがて人々がそれを信じるようになるのだ。

さて、人間的魅力に関連して、彼の政治信条が若い頃から一貫して「アメリカ・ファースト」でブレていないことも、米国民が彼を信認する要因と考えられる。ビジネス界で成功し、「フォーブス誌」にも富豪として名前が載った八〇年代、彼は多くのインタビューを受けている。

その中では、今日彼が主張する「アメリカは日本や中国、他の外国にうまくやられ続けている。これは不公平なことで正されなければならない」「それは海外諸国が悪いのではなく、アメリカの政治家がバカだからだ」という主張を当時からすでに行なっている。実際、日本のテレビ番組が一九八八年にトランプ氏に行なったインタビューでも、「日本は莫大な貿易黒字なのに、アメリカはタダで中東から石油を運ぶ日本のタンカーの護衛を行なっている。そして日本はその石油でモノを作り、アメリカに売りつけ、アメリカの産業は負け続けている。これは不公平だ」という発言をしている。そして、「今すぐではないが、いずれ大統領選に出馬する時が来るかもしれない」とも語っている。

三〇代の若さで、すでにアメリカの構造的な問題に気付き、そしてそれを打開するために政界に進出することも念頭にあったのだ。アメリカの人々は、彼が一貫して持ち続ける「アメリカを偉大な国にする」という信念をよく理解し、信じているということだ。

また、彼の出自《しゅつじ》に裏付けされた実力についても米国民が支持する大きな理由だ。トランプ大統領は、典型的な米財界の成功者だ。日本の場合、成り上がりの大金持ちは毛嫌いされる傾向があるが、アメリカではビジネスで成功し成り上がった人を純粋に称揚《しょうよう》し尊敬する。しかもトランプ大統領の場合、九〇年代に一度難局を経験し、そこからの復活を果たしている。

その「ビジネス経験豊富」な彼が、「ディール」の手腕を使って世界各国を相手に渡り合い、「アメリカを立て直す」というのだ。暮らし向きが悪い人たちにとって、彼は〝期待すべき救世主〟というわけだ。

変容するアメリカが「強い男」を求めた

一方で、アメリカがトランプ氏を大統領に押し上げたのは、彼の実力だけではない。アメリカでは今、以前にもまして大多数の国民が社会に対して不安と不満を募らせている。こう言うと、にわかに信じられないという人も多いのではないか。おそらく多くの日本人にとって、アメリカの現状は「コロナショックから徐々に回復し、比較的堅調に景気が推移している」くらいのものかもしれない。しかしこれは、日本のマスメディアが積極的にアメリカの実態を伝えないためであり、本当の実態はかなり深刻なものとなっている。

たとえば、トランプ大統領は不法移民の流入を理由の一つとしてカナダやメキシコといった隣国に関税を課しているが、当のアメリカ人たちにとってこの問題は「懲罰《ちょうばつ》的関税を掛けてでも」解決しなければならない重大な問題になっている。ある試算では、バイデン政権下での不法移民の流入は七三〇〇万人とされており、これらは「不法」という言葉の通り正規の手続きを経ずにアメリカに入り定住している。彼らは正規の身分証もなく、当然まともな仕事もない。セーフティネットもないため、食うために犯罪に走るものも非常に多い。米国内での治安悪化を加速させる極めて重大な社会問題になっているのだ。

同様に、先述した合成麻薬の流入も深刻だ。大都市のスラムはこうした違法薬物中毒者の巣窟《そうくつ》となっている感があるが、これがいまや普通の家庭の子供たちにも蔓延しつつある。薬物の多くは中国で製造され密輸入されていると言われており、さながらアメリカは「清朝中国のアヘン禍の復讐を受けている」といった状況だ。トランプ大統領は、親しかった兄をアルコール中毒で早くに亡くしていることもあってか、酒やたばこは一切やらず、また薬物のアメリカ社会からの排除にも熱心である。国民を腐らせる危険な薬物について、極めて厳しい対応に出るのはごく自然の流れである。

こうした社会問題のさらに根底にあるのが、アメリカでも進んでいる貧富格差の増大だ。元々アメリカは格差社会であったが、リーマン・ショック、コロナショックを経て、貧富格差は絶望的なまでに拡大している。

トランプ大統領の岩盤支持層といえば、「ラスト・ベルト」と呼ばれる、米中西部など脱工業化によって空洞化した都市の人々だ。彼らが失った仕事は、グローバル化の過当競争によって中国や日本などの企業が奪い取った、という見方もできる。「自分たちが貧しいのは外国のせい」――内政に原因を見出すのではなく海外のせいにするというのは典型的な政治手法ではあるが、トランプ大統領は人々の不満と海外との関係を「貿易赤字」の観点から巧みにつなぎ合わせ、「今までのアメリカは海外に奪われるがままで、国民を守ってこなかった。私は戦ってこれを守る！」と宣言したのだ。

今、トランプ大統領がカナダやメキシコ、中国をはじめ様々な国に対して「彼らがアメリカの富を奪った、稼《かせ》ぎを奪った、仕事を奪った」と声高に叫び、「国民を守るため」と称して関税引き上げを行なうのは、国民に根付く経済的不遇の不満を海外に押し付ける、典型的なやり口とも言える。

誤解を恐れず率直に言うなら、アメリカという国は、こうしたトランプ大統領の方法が歓迎される程度にまで格差が深刻な国になっているということだ。

そしてさらに、コロナ禍以降には高インフレが猛威を振るった。富める者はインフレを追い風にさらに富を殖やす一方で、貧しい人々はいよいよ追い詰められている。

こうして多くの人々が社会への不満や将来への不安を抱えているところに、トランプ氏は再び登場した。「アメリカを偉大な国にする」――アメリカの人々は、アメリカ社会が抱える苦境を打開する光明を彼に見たのだ。しかも、子供にもわかる平易な言葉で、簡潔で力強いメッセージを訴えて見せた。熱狂的な「トランプ信者」が誕生するのもうなずける話だ。

しかし、こうしたやり方は彼のオリジナルではない。それどころか、歴史上幾度も繰り広げられた方法である。人々が不満や不安を募らせる中、その不満や不安を救い上げ、簡潔で力強いメッセージを発信して支持を取り付け、諸外国に対しては強硬な策を行使する――そう、これは、かのアドルフ・ヒトラーも用いた手法なのだ。

第一次世界大戦で敗戦を喫したドイツは、莫大な戦費で財政が破綻した上、フランスをはじめとした戦勝国から莫大な賠償金を要求された。ワイマール共和政から間もない一九二三年には、未曽有のハイパーインフレが到来し、大多数の国民は地獄のような日々を経験する。

実直で堅実であるはずのドイツ人だが、おそらくこの経験で精神をやられてしまったのかもしれない。その後は、未曽有の好景気に沸くアメリカの資本がドイツに入って国はつかの間落ち着くものの、一九二九年に世界恐慌が起きるとドイツもその影響をもろに食らってしまう。一九三一年にはオーストリア最大の銀行・クレジット・アンシュタルトが破綻し、戦争賠償金の支払いも停止を余儀なくされた。ドイツ国民は、わずか一〇年ほどの間に苛烈《かれつ》なインフレと深刻なデフレの両方を経験し、完全に疲弊してしまった。

そこに登場したのが、アドルフ・ヒトラーだ。ヒトラーは、ドイツ国民に染み付いた社会への不満や将来への不安を巧みに汲《く》み取り、わかりやすく簡潔な言葉を繰り返し用い、力強いメッセージで国民に訴え掛けた。「強いドイツの復活」――それはまさに、トランプ大統領が現代に繰り広げているものと生き写しである。

ヒトラーとトランプ大統領には、もう一つ類似点がある。それは、「新しい技術を巧みに使った」という点だ。ヒトラーの時代には、新たな情報伝達手段としてラジオが登場した。ヒトラー政権の広報担当であったゲッペルスは、「ラジオ放送は最も近代的で最も重要な大衆感化の手段」と考え、非常に廉価《れんか》にラジオ受信機を販売させて国民にラジオ聴取を義務付けた。そしてこれが、トランプ大統領の時代になるとSNSに置き換わる。彼はX（旧ツイッター）をはじめとしたソーシャルメディアで自分の主張を繰り返し発信した。彼が得意とした「ワンフレーズ・ポリティクス」は、SNSと非常に相性がよい。潜在的に社会不安を抱く層には、彼のメッセージが大いに突き刺さったことだろう。

私は、率直に言ってトランプ大統領はヒトラーをよく研究していると見ている。彼本人がそれを意識的にやっているのか、あるいは優秀な軍師が側近にいてその人物がヒトラーをよく知っているのかはわからない。ただ、彼のイメージ戦略は実に巧妙で、今のアメリカの状況において実に効果的に機能している。そして、ある意味でそれは危険なことでもあると考える。

ヒトラーは、選挙という民主的な過程を経て独裁者になったと言われる。ある意味でそれは正しいが、実態としてはナチ党の準軍事組織である突撃隊の存在が大きかった。突撃隊による無法な暴力を伴った運動によって、人々は無理やり付き従わせられたという側面もあるのだ。

そして、トランプ氏にも暴力をものともしない熱狂的な信者がいる。となれば、もし仮にトランプ大統領が中国の習近平氏がやったように「終身大統領」を目指すとしても、私は正直驚くには当たらないと考えている。実際、彼は二〇二一年の連邦議会乱入事件に関わった暴徒らを大統領就任後早々に恩赦《おんしゃ》している。こうした熱狂的な「信者」を保護し、糾合し、暴力で国民を黙らせるという方法は、現時点では実現可能性は極めて低いが、一つのシナリオとして考慮しておくべきだ。

トランプが描く「新しいアメリカ像」と日本の危機

さて、話を戻そう。このようにアメリカは、今大きな転換点に差し掛かっており、トランプ大統領はその象徴的存在として登場した。その彼は、果たしてどのような「アメリカ像」を描いているのか。

　私は、彼が言っていること、やっていることを総合すると、こう考えていると推測する――「まず、グローバル化によってアメリカから流れて行った仕事や資産をアメリカに取り戻す。関税障壁はその大きなツールだ。安全保障についても、もうアメリカは他国の面倒を見ない。莫大なカネが掛かるのに、その恩恵に与《あずか》る国はその対価も払わず、感謝も尊敬もしないのではやる意味がない。今後は、カネを払うなら守ってやるが、そうでなければ自分の身（自国の安全）は自分で守れ。もちろん、アメリカは自国の安全を自ら守るし、必要なものは他国の領土でも運河でも自分のものにする」。

　要するに、彼はアメリカの最も古い保守主義、すなわちモンロー主義（孤立主義）にアメリカを回帰させたいのだ。アメリカは、建国の経緯から西欧との関係が深かったが、ロシアの太平洋岸進出や西欧諸国のラテンアメリカへの干渉が脅威になったことから、一八二三年に合衆国第五代大統領モンローが西欧との相互不干渉を宣言した。以降、アメリカの外交方針は原則として孤立主義的な姿勢が長く続いた。

しかし、第一次世界大戦においてイギリスが主導しアメリカを介入させたところから、アメリカは「世界の警察官」として他国への安全保障について介入することとなった。ただ、これはアメリカにとって本意ではなかっただろう。実際、第二次世界大戦後に至ってもアメリカは冷戦構造の西側の筆頭当事者となり「世界の警察官」であり続けたが、トルーマン・ドクトリン（トルーマン政権が行なった共産主義勢力への封じ込め政策）の立役者の一人である米外交官ジョージ・ケナンは、第一次世界大戦でアメリカを西欧防衛に引きずり込んだ西欧諸国が、再び自分たちを守らせるためにアメリカを引きずり込もうと画策することに我慢がならなかったという。ただ、結局は成り行き上、冷戦構造に深く関わることになったアメリカは、冷戦終結後に至っても「世界の警察官」としての役割を果たさざるを得なかった。

しかし、時代を経てグローバル化の進展と中国を筆頭とした新興国が台頭し、相対的にアメリカの国力が低下すると、アメリカにとって「世界の警察官」であり続けることは純粋に「割に合わない負担」でしかなくなった。

そしてついにアメリカは、保護主義への回帰を宣言する。二〇一三年、オバマ大統領がシリア問題に絡んで「アメリカは、もはや世界の警察官ではない」と発言した演説は、まさにその言葉通りに「これからは世界秩序の維持に責任を持たない」ということだ。

トランプ大統領は、そのアメリカの方向性をさらに決定付けた。それは、元々彼が若い頃から考えていた「あるべきアメリカ像」でもあったことだろう。ウクライナ戦争の停戦交渉の場で、「私は安全保障について、あまり多くを確約するつもりはない」と発言したが、まさにその言葉通りである。もうアメリカは、たとえ相手が同盟国であったとしても、自国外における秩序維持には関与する気はないし、今後はさらに関与しなくなるだろう。

これによって、世界はどうなるのか。短期的にはアメリカはトランプ大統領の公約通り「再び偉大な国」になるかもしれない。ただ、あくまでそれは「自国の安全と繁栄」という意味であり、「世界の安全と繁栄」ではない。長期的な視野に立てば、自国のみが安全と繁栄を謳歌《おうか》するという戦略は、かえって膨大なコストを支払わされる可能性がある。世界秩序が乱れ、動乱や戦争が世界中に蔓延すれば、どの国においても経済に専念して自国を繁栄させ富を蓄積するよりも、莫大な軍事費と人員を動員して安全保障を強化させる必要があるからだ。それは定常的に「安全」に対して高いコストを払うことを意味し、さらに戦争の当事者になった国は、著しく経済的に疲弊することになる。

また一方で、アメリカが世界秩序を放棄すれば、自国外への領土拡大や資源獲得の野心を持つ為政者たちにとっては千載一遇のチャンスとなるだろう。必然的に、動乱や戦争の確率は飛躍的に上昇することとなる。まさに〝暗黒の時代の到来〟である。こうなると、世界の混乱が経済の混乱を生み、アメリカも自国の繁栄を追求することはままならなくなる。

また、アメリカのこうした判断はこれからの日本にとっては極めて深刻な事態につながりかねない。なにしろ、戦後八〇年に亘ってアメリカの軍事力に頼り切りとなった日本の防衛力は、アメリカ抜きで見ればおよそ先進国のものではない。自衛隊など、とても他国と戦争で渡り合える軍隊組織ではないのだ。

これを打開するには、少なくとも向こう数年から十年単位で防衛費を大幅に増額し海外から最新の軍備品を調達する一方で、国内でも軍需産業を育成する必要があり、また兵員の補充や訓練の強化なども必要となる。

しかし、今更軍拡《ぐんかく》しようにも巨額の財政赤字が足かせとなる上、少子高齢化で人員拡充もおぼつかないだろう。何より日本人は、人の一生分に匹敵する八〇年の長きに亘って、自らの血を流すことなく平和に過ごしてきた。すっかり骨抜きの「平和ボケ」した国民の中に、今からでも「自ら銃を取り、体を張って国を守る」という気概《きがい》のある者が、果たしてどれだけいるというのだろうか。

こんな無防備で脆弱《ぜいじゃく》な日本の隣には、最悪なことに中国、ロシア、北朝鮮とコワモテの国が三つも並んでいる。いずれも民主主義とは対極の独裁主義的な国家であり、暴力による現状打開をいとわない国だ。特に中国は、太平洋侵出への野心を隠すことすらない。目下のところ、極東有事が焦眉《しょうび》の急《きゅう》だが、アメリカがトランプ大統領の方針通りに極東への介入を止《や》めれば、台湾や朝鮮半島でコトが起きるのは時間の問題となる。それどころか、沖縄や対馬、さらには日本本土ですら侵略の危険にさらされる事態になりかねないだろう。

本稿執筆時点で、国会では少数与党の自民党が本予算通過を巡って各党と駆け引きを繰り広げ、「一〇三万円の壁」問題が注目を集めている。これらの問題が重要でないとは言わないが、国防の危機が現実のものになるかもしれない時にそこになんら言及しない日本の政治家たちの危機意識のなさには呆れ返る。

「トランプ劇場　第二幕」には、世界的な動乱と戦争の確率が極めて高い。日本は、今すぐにでもいかにして防衛するのかを真剣に考えなければならない。

トランプの登場とアメリカの変容は歴史の必然だ‼

さて、トランプ大統領はウクライナとの停戦交渉の中でロシアへの譲歩を断固否定するゼレンスキー大統領に、「第三次世界大戦を起こしかねない」と発言した。覇権国のトップが世界大戦に言及すること自体、かなりショッキングであり実に恐ろしい話ではあるが、私は率直に言ってトランプ大統領の言わんとすることはまったくあり得ない話ではないと考えている。なぜなら、「二一世紀は動乱と大戦争の時代」だからだ。

なぜそう断言できるのか。これは、私の書籍をよく読んでいる読者ならご存じかもしれないが、二一世紀が「八〇〇年周期説」でいう「文明の大転換期」に当たるからだ。少々長くなるが、これからの人類の未来を占う上で極めて有用な考え方なので、かいつまんで紹介しよう。

人類の文明史には、壮大で不思議な「八〇〇年周期」というものが存在する。これは、単なる目先の世界情勢に限った話ではなく、現在に至る人類の歴史から導き出される、宿命的な情勢の推移に基づいた考え方だ。

実は、人類の文明には八〇〇年ごとの巨大なうねり（波）が存在する。歴史を紐解《ひもと》くと、人類の文明は大きく東洋と西洋の文明に分類されるが、実はそれぞれの文明は隆盛と衰退を交互に繰り返しており、実に壮大で不可思議なパターン性を有している。まるで、ＤＮＡのらせん構造のように実に美しい法則性であるが、この東西交替のサイクルが約八〇〇年周期であり、これがなんと一万年もの間、保たれてきたのだ。

この、人類史の秘密とも言うべき法則を解き明かしたのが村山節氏である。日本ではほとんど知られていないものの、海外では世界で初めて歴史を統計学的に研究した人物として知られている。私は氏の最晩年に横浜の日吉にある坂の上の自宅でお会いし、話をしたことがあるが、この時、村山氏は「二一世紀は戦争、動乱、文明消失、疫病、経済パニックが起きるとんでもない時代である」と衝撃的な予言を披露した。というのも、この八〇〇年周期説に基づくと、二一世紀は東西文明がちょうど交差する時期に当たるためだ。

村山氏によれば、文明の交差期には必ずと言っていいほど大民族移動を伴う文明の消失や戦争、動乱が数多く勃発してきた。その必然から、今回の交差期にも必ず同様のことが起きるというのだ。

本当にそうなのか、実際に歴史を見てみよう。現在から遡る八〇〇年間の時代は、西洋文明が近代科学という巨大な力を得て、アジアやアフリカを植民地

800年ごとに隆盛と衰退が入れ替わる

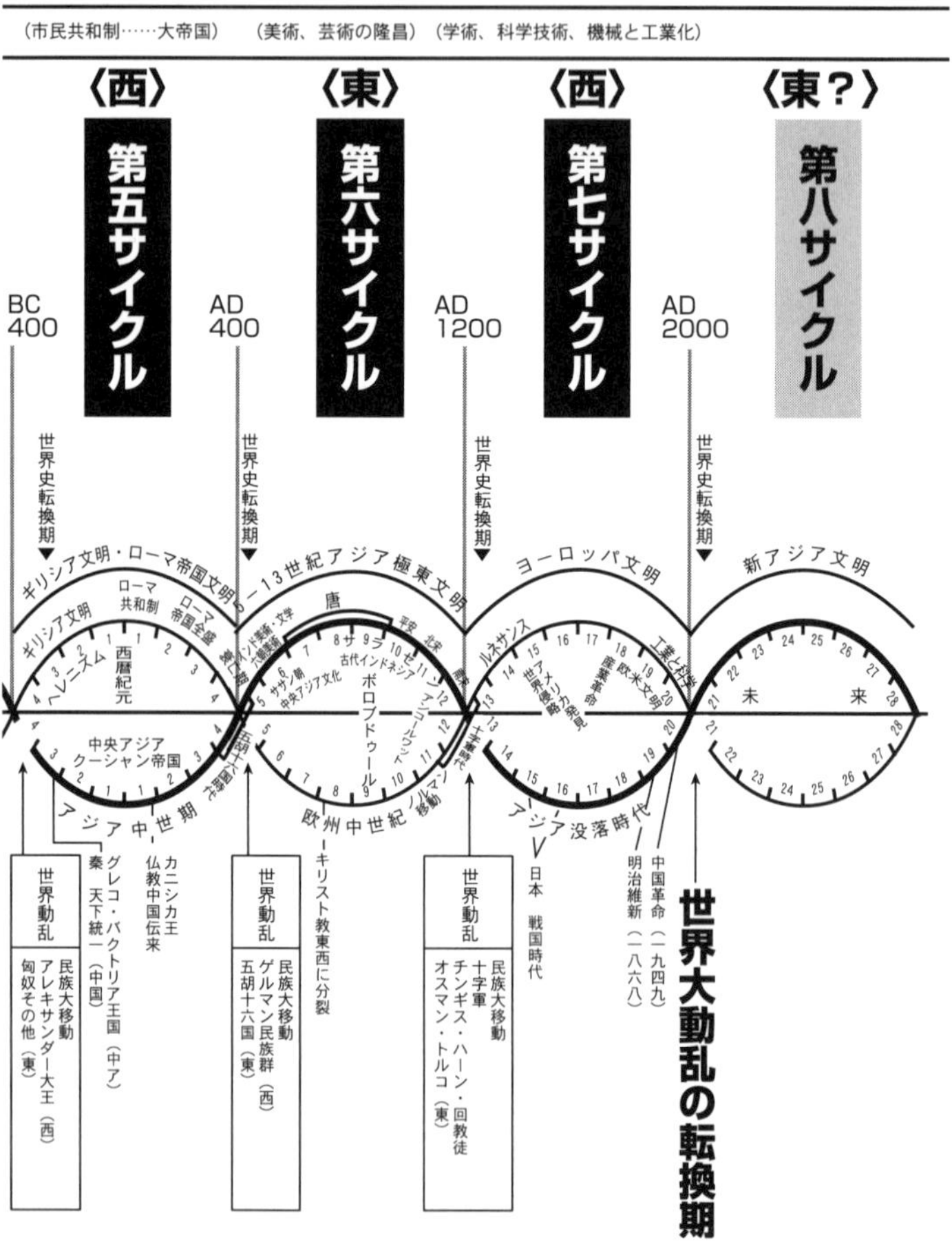

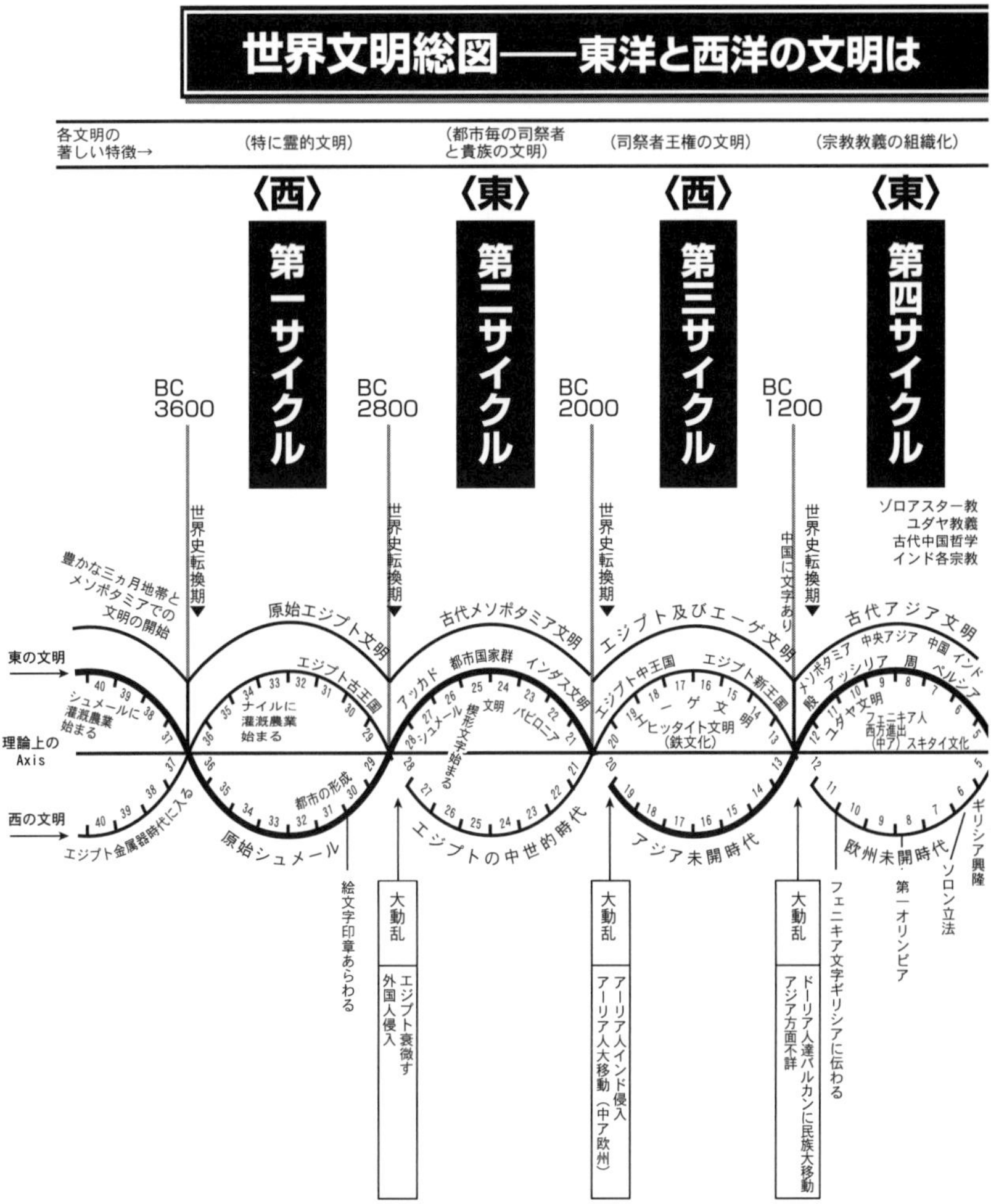
世界文明総図――東洋と西洋の文明は
各文明の著しい特徴→
（特に霊的文明）
（都市毎の司祭者と貴族の文明）
（司祭者王権の文明）
（宗教教義の組織化）
〈西〉
第一サイクル
〈東〉
第二サイクル
〈西〉
第三サイクル
〈東〉
第四サイクル
BC 3600
BC 2800
BC 2000
BC 1200
世界史転換期
ゾロアスター教
ユダヤ教義
古代中国哲学
インド各宗教
中国に文字あり
豊かな三ヵ月地帯とメソポタミアでの文明の開始
原始エジプト文明
古代メソポタミア文明
エジプト及びエーゲ文明
古代アジア文明
東の文明
理論上のAxis
西の文明
シュメールに灌漑農業始まる
ナイルに灌漑農業始まる
エジプト古王国
アッカド
都市国家群
インダス文明
シュメール
楔形文字始まる
文明
バビロニア
エジプト中王国
エジプト新王国
エーゲ文明
ヒッタイト文明（鉄文化）
メソポタミア
中央アジア
中国
インド
殷
アッシリア
周
ペルシア
ユダヤ文明
フェニキア人西方進出
（中ア）スキタイ文化
エジプト金属器時代に入る
都市の形成
原始シュメール
エジプトの中世的時代
アジア未開時代
欧州未開時代
ギリシア興隆
絵文字印章あらわる
大動乱
エジプト衰微す
外国人侵入
アーリア人インド侵入
アーリア人大移動（中ア欧州）
ドーリア人達バルカンに民族大移動
アジア方面不詳
フェニキア文字ギリシアに伝わる
第一オリンピア
ソロン立法

化し、大きく栄えた時代だ。相対的に東の文明は衰退し、西の文明に従属する時代を過ごしてきた。この「西洋の時代」の始まりは一二世紀頃だったが、この時期には重大な民族大移動が起きている。西方においては突如として十字軍遠征が勃発、また東方においてはチンギス・ハーンの登場と侵攻があったのだ。

私たちは、これを単に「進軍」「侵略」として教えられたわけだが、実態は西洋民族やモンゴル民族が「民族大移動」した結果としての侵略である。

この「民族大移動」は、日本にもモンゴルによる「元寇」という形で襲来した。日本はたまたまそれを撃退しているが、西方諸国は圧倒的な武力で次々と征服された。モンゴルの侵略は、遠くポーランドにまでおよんだ。ポーランドは当時、西洋でも有数の先進国で精強な騎士団を保有していたが、その騎士団はモンゴル帝国の軽騎兵に圧倒され、翻弄され、そして包囲・蹂躙《じゅうりん》されたのだ。

また、イスラムの諸都市もチンギス・ハーンの苛烈な攻撃でいくつも滅亡している。井上靖の『蒼《あお》き狼《おおかみ》』にもその逸話が登場するが、一つの街を城壁も城も住人もすべて破壊し、殺し尽くしたという。一つの城塞都市を「屠《ほふ》る」圧倒的なモンゴル軍の猛攻よって、イスラムの軍隊の多くが力を失って行った。

このように、文明の交差期にはすさまじい力の奔流がこれまで栄華を誇《ほこ》った文明に襲い掛かり、破壊や殺戮《さつりく》を経て覇権を塗り替えて行くのだ。

さて、もう一世代遡って一二世紀の文明交代期以前の八〇〇年間を見てみると、今度は東洋文明が栄華を極めていたことがわかる。中国においては唐や宋が栄えた。唐においては巨大な経済力を背景に芸術が発展し、李白《りはく》や王維《おうい》、あるいは白居易《はくきょい》や柳宗元《りゅうそうげん》などが登場し、人類最高峰の文学の一つである漢詩が生まれた。また、その後に登場した宋は、日本にも大きく影響をおよぼした。鎌倉時代以降、明治維新に至るまでの武家社会という制度は、まさに宋から伝来したものであったし、また仏教の広がり、貨幣経済の発展も宋との貿易の産物であった。

中国以外にも、インドネシアではボロブドゥールに代表されるシャイレーンドラ朝が隆盛し、カンボジアではアンコールワットを建造したクメール帝国が繁栄を極めた。また西アジアから中東においては、ササン朝ペルシアが巨大な文明の輝きを放った。

こうした東洋の輝きに比べて、欧州では「暗黒の中世」という言葉通り、衰退の時代を過ごしていた。長安やバグダッドが一〇〇万人の人口を擁《よう》していた同じ時期に、西洋最大と言われたパリは数万から一〇万人程度の人口しかいなかったという。他は推して知るべしで、数十人の「集落」のようなところが大半を占めていた。文化水準も当然低く、かつてのローマ帝国の栄華の片鱗《へんりん》すら感じられないありさまだった。

この東洋全盛の時代の始まりとなる文明交差期（四世紀頃）に注目すると、西ではローマ帝国滅亡の原因となったゲルマン民族大移動（侵略戦争）が起きており、東でも中国において他民族の流入が群雄割拠《ぐんゆうかっきょ》の大戦乱（五胡《こ》十六国時代）を引き起こしていた。一二世紀の交差期と同様に、まさしく動乱と混迷の時代だったのだ。

ここからさらに遡って行っても、八〇〇年の文明サイクルがくっきりと刻まれており、しかも東西の交差期に民族の大移動と動乱が起きていることがわかる。もう、おわかりだろう、人類の一万年におよぶ文明の推移をつぶさに見て行けば、そこには「八〇〇年を一周期とする東西の文明の盛衰」があり、しかも必ず文明が入れ代わる時には動乱が起きていることがハッキリとわかるのだ。

では、この文明周期に照らして現在を見てみよう。そう、村山節氏が指摘した通り、まさに現在は東西文明の交差期にあたっているのだ。民族大移動、戦争、動乱が必然的に引き起こされる時代に、私たちは突入しているのだ。

このように、私たちが生きる二一世紀は大変な時代であることが、八〇〇年周期という観点で明らかなのだが、実は大変なのはこれだけではない。それは、現在が「覇権の移行」を迎える時期にあるということだ。

一一七ページの図をご覧いただきたい。八〇〇年周期の文明の波には、さらにその中に小さな波がある。覇権国の移行の波だ。二〇世紀までの八〇〇年間は西洋の時代だったが、その中でも五つの覇権国が存在した。

まず、十字軍戦争によって、東方の高度に発展した文明が遅れていた西洋世界に持ち込まれるようになると、地中海航路による交易が盛んに行なわれ、まず交易の陸揚げ地であった「ベネチア」が大きく発展した。そこからさらに、「フィレンツェ」「ジェノバ」といった都市国家が繁栄を謳歌した。やがて、経済発展が文化的な成熟をもたらし、イタリアを起点としてルネッサンスが花開いた。ギリシャ・ローマ時代に繁栄した西洋の文化を再生、復活させるこの運動によって、西洋の文明は急速に高度化して行った。

イタリアの都市国家群に続いて発展したのが「ポルトガル」、次いで「スペイン」である。イタリアの諸都市は、地中海航路を用いた東方交易によって巨富を手にしたが、対するポルトガルとスペインはまったく新たな航路を開拓し、東方貿易を独自に深化《しんか》させることに成功する。インドから香辛料や目新しい産物を輸入し、また南米大陸の発見によって銀などの資源を獲得し、この二国は新たな西洋文明の覇者《はしゃ》に上り詰めた。やがてスペインの属国であった「オランダ」が、資本主義の力を存分に発揮して台頭、覇権国家に上り詰める。そして、さらにオランダの衰退後には産業革命で巨大な力を得た「イギリス」が世界中に植民地を持つ「日の沈まない国」として栄華を極めた。

覇権は800年の波の中で国家間を移動する

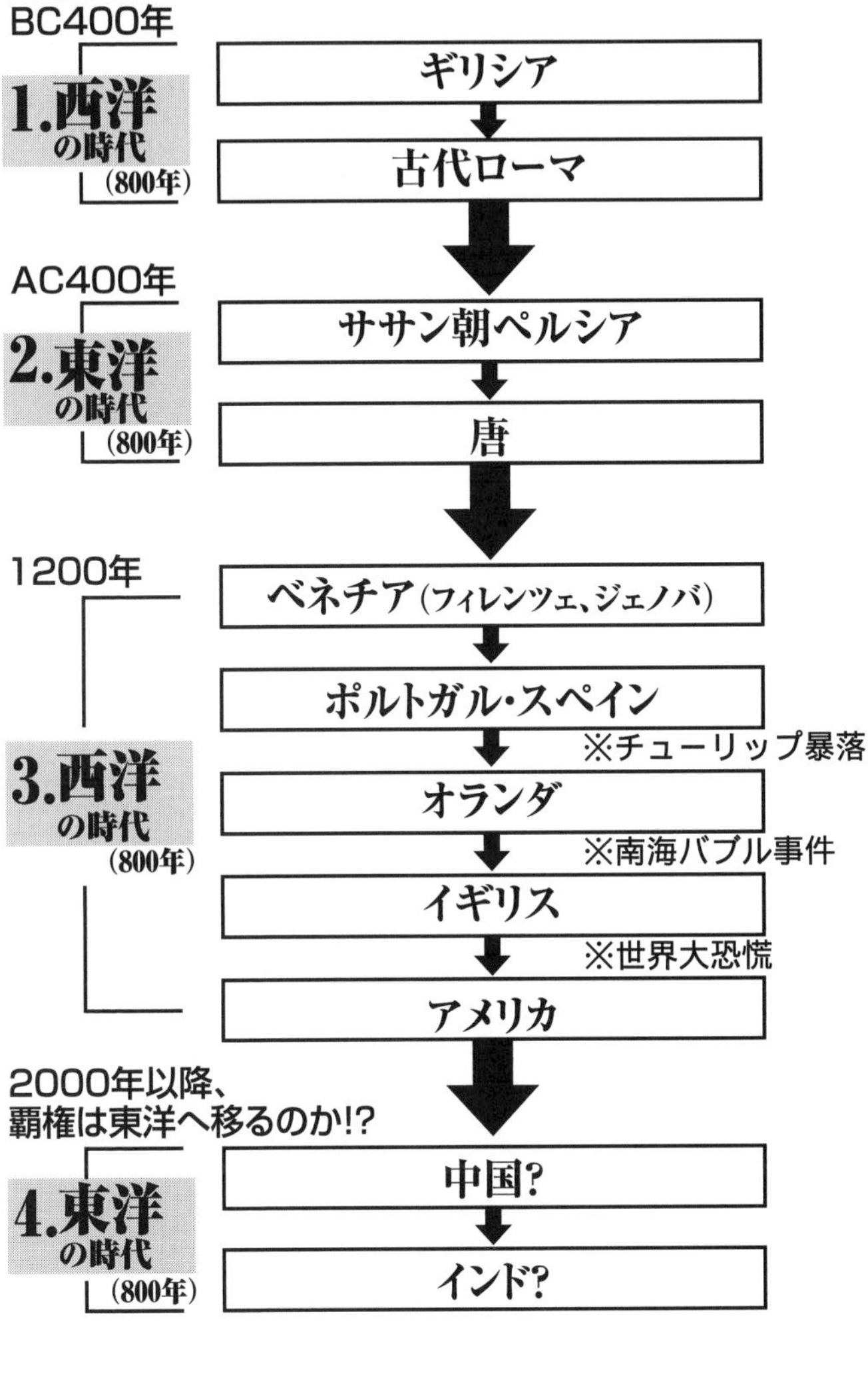

一九世紀以降は、イギリスなどからの移民によって建国した「アメリカ」が国力を蓄《たくわ》えイギリスを上回る国力を獲得すると、二〇世紀前半に勃発した二つの世界大戦を経て覇権を獲得するに至る。

面白いのは、こうした同一文明圏内での覇権の移行にもある法則性があるということだ。それは、元々覇権国家の同盟国か植民地（属国）であった国が次の覇権国家に躍り出るというものだ。スペインは一時イタリアを支配していたし、オランダはスペインの植民地（属国）だった。オランダとイギリスは地理的にも近く、言葉も似ている国で政治的なつながり（同盟関係）も密接であった。アメリカは元々イギリスの植民地（開拓地）であった。欧州の覇権の移行は、ある意味比較的近くの国家に受け渡される形で行なわれていたのだ。

「トランプ後」にどんな世界がやってくるのか

人類の文明には、このように壮大なパターン性があり、そして私たちが生きる二一世紀はまさに「東西文明の転換点」に当たっていることがよく理解できただろう。そこで、次に出てくるのが「これから世界はどうなるか」という問題だ。しかし、これも「八〇〇年周期」がヒントを与えてくれている。

これからの時代にまず間違いなく起きるのは、「バブルの崩壊」だ。西洋での覇権の移行時にも、いくつもの壮大なバブルが発生しては弾けた。オランダの台頭時には、「チューリップバブル」が弾けた。イギリスの興隆では「南海バブル事件」が勃発、アメリカにおいては、「世界大恐慌」がそれに相当した。

では、次の覇権国と目《もく》される中国はどうなるだろうか。肝心の中国では「不動産バブル」が崩壊し、急速に経済が停滞している。加えてアメリカが中国封じ込めの経済戦を繰り広げており、トランプ大統領はさらに高関税で攻勢を強化する構えだ。果たして中国は、この局面を持ちこたえることができるのか。あるいはさらに事態が悪化し、中国発の世界大恐慌に発展して行くのか。ここが、一つの大きなわかれ目となるだろう。

より深刻なのは、軍事衝突や戦争という事態だ。前回のイギリスからアメリ力への覇権移行においても、二度の大きな大戦が勃発した。覇権の移行期には、旧覇権国家が経済的に衰え「世界の警察官」としての影響力を行使できなくなる一方で、新覇権国はまだ十分に力を発揮できず、また自覚にも乏しいという「力の空白」のような状況が生まれる。

必然的に、その間隙《かんげき》を縫《ぬ》って様々な紛争、動乱が勃発することになる。それでも前回の場合は西洋文明国間の覇権移行であり、文化・思想的なギャップは少なくて済んだ（しかし、戦争による犠牲は極めて大きいものとなった）。今回は、洋の東西をまたぐ壮大な覇権移行となる可能性が高く、必然的に生じるギャップもすさまじいものとなるだろう。

もうおわかりだろう。トランプ大統領は、ウクライナの停戦交渉で安全保障に言及しなかった。それだけではない。台湾有事が勃発した場合の対応についても、「コメントしない。そのような立場になりたくない」とあいまいな返答をしている。イスラエル・パレスチナ戦争が燻《くすぶ》る中東においても、ミサイル実験を繰り返す北朝鮮の周辺情勢についても、トランプ大統領は安全保障を確約することはない。一事が万事、彼は他国の安全保障に関して、一貫して〝関与しない〟スタンスなのだ。

これは、八〇〇年周期説の観点で言えば、明らかに覇権国家アメリカの衰退の現れだ。となれば、次に起きるのはもはや戦争しかない。おそらく、トランプ大統領はそれをわかっている。「９・11」が起きる直前、彼は自著で「ＷＴＣにとんでもないことが起きる」と予言めいたコトを記した。あくまで推測だが、彼は私たちが想像するよりもより高い解像度で世界情勢を見ている可能性がある。その彼が第三次世界大戦を憂慮し、ことある毎《ごと》に言及しているのだ。それは「脅し」でも「ブラフ」でもなく、本心からの言葉と見るべきだろう。

そしてもし、本当に世界大戦が勃発した場合、これまでの二大戦とは比べものにならないほど凄惨《せいさん》で甚大な損失を人類にもたらすこととなる。それは単に、核や弾道ミサイル、その他最新鋭の兵器類による物理的な被害というだけに留まらない。人類がここ数百年積み上げてきた文明や文化、思想、価値観などあらゆるものが揺らぎ、最悪、崩壊する可能性すらある。

東西の文明衝突とは、イデオロギーや価値観など、あらゆるものの衝突であり、極めて重大なことだ。それは、たとえば民主主義と独裁主義との衝突であり、資本主義と共産主義（ないしは社会主義）との衝突である。また、見方を変えればグローバル主義による国際分業と保護主義による自国完結（ないしは経済圏完結）との衝突であり、さらには法の下で公正・平等を担保する権力構造と権威主義的や実力主義的、ないしは情実的な権力構造との衝突でもある。

およそ、私たちが「常識的に良いもの」と考えてきた「自由主義、民主主義、資本主義、グローバル主義、法治主義」といった価値観が、根底から覆るようなすさまじい時代が到来するかもしれないのだ。

いかにして生き残るか、それは誰の責任でもなくあなたの問題だ！

人類の壮大な歴史から俯瞰《ふかん》すると、現在の世界がどういう状況に置かれ、これから何が起き得るのかがよく見えてくる。なぜ、アメリカはトランプ大統領を再び選んだのか、なぜ、彼は世界を混乱させるような政策を次々と打ち出すのか。それは、混乱を振り撒くトランプ大統領が悪いのでも、そんな大統領を選んだアメリカが悪いのでもない。アメリカは大きな分岐点にあり、それはすなわち「人類全体が壮大な文明の転換点に立っている証拠」なのだ。

現在を生きる人々は、アメリカ人であれ、日本人であれ、ウクライナ人であれ、誰もが精一杯に生き、幸福に向けた最善の選択を目指している。ほとんどの人々は、可能な限り善良で常識的であろうとしている。しかし、それでも人類が宿命的に背負っている「文明の周期」に逆らうことはできない。隆盛を誇った文明は衰退、崩壊への道をたどり、新たな文明が激動と混乱を振り撒きながら台頭する中で、必死に生き抜くしかないのだ。

ひるがえって、私たちの日本において、こうしたダイナミックな歴史と文明の転換点を目の前にしながら、それを直視し、国を導くまともな指導者は見当たらない。このままでは、日本は世界の激動に大きく揺さ振られ、崩壊の憂《う》き目を見る可能性が高い。さすがに「国が無くなる」とまでは思いたくないが、しかし最悪、そうしたことも覚悟しなければならないほどに危機的だ。

では、私たちはどうすればよいのか。座して国と命運を共にする、という生き方もあるかもしれない。しかし、私はそれには反対だ。危機が間近に迫っていることを知ったら、それをいかに回避し、さらには逆手にチャンスに変えるかを考え、行動する、それが人間というものだ。

人は、いつか死ぬ。しかしそれまでは、「死力を尽くして」生き抜くべきだし、また私は賢明なる読者の皆さんにもそうあってほしいと願っている。

そこで後章では、この激動の時代をいかにチャンスに変えるかについて、私が考え実践しようとしていることを紹介して行く。ぜひ参考にしていただき、関心がある方は積極的に挑戦してみていただきたい。

第三章

いよいよ一九二九年の再来、リーマン・ショックを超えるとんでもない大暴落がやってくる!!

起こる可能性のあることは、いつか実際に起こる

（マーフィーの法則）

相場は「ある日突然、暴落する」

今から一七年前、アメリカの大手投資銀行であるベアスターンズの経営が突然行き詰まった。二〇〇七年一月には一七〇ドルあったベアスターンズの株価は、二〇〇八年一月には半分以下の八〇ドルほどになっていた。それでも、その頃はまだ経営危機の影はなかったはずだった。資金繰りが怪しいという噂《うわさ》も一部にはあったが、あくまで噂の域を出なかった。三月一三日の朝までは……。

そして、事態は急展開を迎えた。三月一三日、ベアスターンズは連邦準備銀行（連銀）に対して資金不足に陥っていることを突如報告し、資金調達の手段がなければ次の日（三月一四日）に米国連邦破産法の第一一条を申請しなければならないことを伝えたのである。連銀にとってもマーケットにとっても、晴天の霹靂《へきれき》の出来事であった。三月一三日時点で、まだ株価が五七ドルあった大手投資銀行からの突然の告白である。そして実は、ベアスターンズにとっても

〝寝耳に水の出来事〟が起きていたのである。

三月一三日の朝時点でベアスターンズの手元の現金残高は一兆二〇〇〇億円あり、十分な資金量を保有していた。ところが資金繰りが怪しいという噂により、その日だけでなんと一兆円が引き出されるという異常事態が発生したのである。これでは突然資金不足になってしまうのも当然の話だ。ベアスターンズは、その前年の二〇〇七年六月に傘下のヘッジファンドがサブプライムローン（信用力の低い人向けの住宅ローン）により多額の損失を出したことで一度、取り付け騒ぎを起こしている。この時は深刻な問題にはならなかったが、それがずっと燻り続けて下地となり今回の巨額の資金流出につながった可能性がある。

ベアスターンズが連銀に資金繰り悪化の報告をした翌日、三月一四日の株価は三〇・八五ドルまで下落した。さらにその翌営業日の三月一七日には、四・八一ドルまで急落したのである。わずか三日で五七→四・八一と、九〇％超もの大暴落であった。結局ベアスターンズは、救済の手を挙げたＪＰモルガンに株価二ドルで買収されて救済されることになった。

このように、相場（株価）が突然崩れることは実はよく起こることだ。ベアスターンズがＪＰモルガンに買収された半年後に起きた二〇〇八年の金融危機では、そのような金融機関の突然死が多数見られた。金融危機のきっかけはリーマン・ブラザーズの破綻であったが、その投資銀行も直前までまったく破綻の素振りが見られず、突然株価が大暴落しているのだ。

リーマン・ブラザーズが米国連邦破産法の第一一条を申請したのは、日本時間の二〇〇八年九月一五日午後のこと。現地はまだ真夜中で、これから一五日（月曜日）の朝を迎えようとしている時間帯であった。この時、テレビに映し出されたリーマン・ブラザーズの会社前の映像は、多くの社員が普段着のまま自分の荷物を段ボールに抱えて足早に過ぎ去る姿であった。その前の金曜日までは普段通り業務を行なっていた人たちが、土・日の休み明けに突然勤め先の破綻を知り、失意の中で自分の荷物を撤収していたのである。

最近になっても、銀行の〝突然死〟は発生している。中でも、二〇二三年のシリコンバレー銀行の破綻は有名である。きっかけは、アメリカで急ピッチに行なわれた利上げによる債券安だ。

アメリカは二〇二二年三月に〇・〇〇―〇・二五％だった政策金利を、〇・二五％利上げして〇・二五―〇・五〇％にすると、その後矢継《やつ》ぎ早《ばや》に利上げを行なった。その結果、一年後の二〇二三年三月の政策金利は四・七五―五・〇〇％と、一年前と比べて四・七五％も大幅に金利が上がっている（その後も利上げは続き、二〇二三年七月に政策金利はピークを付け、五・二五―五・五〇％になった）。これは金融の常識だが、金利が上がると債券価格は下落する。

シリコンバレー銀行は、名前の通りＩＴ企業が乱立するシリコンバレーを拠点に活動する銀行であった。当時、シリコンバレーにはＩＴのスタートアップ企業を中心に莫大な資金が集まっていたわけだが、それらの資金を預かっていたのがシリコンバレー銀行で、低金利の時に集まった資金で大量の米国債などを買っていたのである。その大量に保有した米国債などが、大幅な利上げによって著しく価格を下げて損失が発生していた。それを知って不安になった預金者が、シリコンバレー銀行から多額の資金を引き揚げたのである。

預金者も当然ＩＴ関係者が多いことから、この取り付け騒ぎはネット上で静かに、しかし急スピードで進行した。問題が発覚すると、二〇二三年三月八日に二五〇ドルを超えていた株価は翌日九日に六割も下落し、その翌日一〇日にシリコンバレー銀行はあっけなく破綻したのである。わずか二日の、スピード破綻であった。

一九九〇年に日本のバブルが崩壊した際、私は二、三ヵ月の取材を経て「これから日本は大変なことになる」「デフレ、そして大不況がやってくる」ということを直感的に気付いた。そしてすぐに行動を始めた私は、二人の相場師を捕まえ、彼らの自宅に押し掛けて何度も取材を敢行《かんこう》した。二人ともあまり世の中には知られていなかったが、天才的な相場師という点では共通しており、相場を通して彼らから学んだことは少なくない。

その中で一番鮮明に記憶に残っているのが、「相場は、ある日突然暴落する」という言葉であった。不思議なことに、まったくお互いを知らない間柄の二人が同じようにこの言葉を繰り返し伝えてきたのである。この言葉の意味は、あまり動かない平穏な相場や、逆に信じられないほど活況を呈した相場が、ある日突然激変することがあるということだ。彼らが、その長い相場経験の中で、何度もそのような状況に遭遇して得た貴重な教訓なのである。

バブル崩壊の取材から数十年経った今でも、彼らからの貴重な教訓はまったく色あせることなく、たまに相場は突如大暴落に陥ったりする。相場を形成している投資家の心理が、今も昔もそれほど変わらないためであろう。

ただ、強いて異なる点を挙げるとするなら、その暴落のスピードが昔よりも明らかに早くなったということである。電子メールやXなどのSNSの普及で、情報は瞬時に世界中にばら撒かれることになった。中には、事実無根の流言《りゅうげん》飛《ひ》語《ご》の情報が駆け回ることも少なくない。そして、それらの情報を素人が簡単に入手できるのである。シリコンバレー銀行も、噂が駆け巡らなければ取り付け騒ぎが起きることはなく、今でも優良な銀行として存続していたに違いない。今は昔よりも何の前触れもなく、本当に突然相場が大きく崩れる可能性が高いのである。

二〇〇八年の「一〇〇年に一度の金融危機」とは？

二〇〇八年の金融危機のきっかけは、米投資銀行リーマン・ブラザーズの破綻である。ただ、その危機に至る流れが始まったのは、その二年前の二〇〇六年の頃であった。二〇〇六年に、それまで絶好調であったアメリカの不動産バブルに陰りが見え始めたのである。

この頃、サブプライムローンの焦げ付きが目立ち始め、二〇〇六年の終わりに掛けて住宅ローンを扱う中堅会社の破綻が相次いでいる。原因は、〝金利の上昇〟だ。二〇〇四年五月まで政策金利一％という歴史的な低金利政策が続けられたが、二〇〇四年六月以降に徐々に利上げが行なわれた。そして、二〇〇四年六月から一二月の間に合計五回の利上げが行なわれた。政策金利が、二〇〇四年末には二・二五％まで引き上げられたのである。

そして、二〇〇五年になっても利上げは続いた。不動産バブルが継続していたためで、二〇〇五年は一年間に八回もの利上げが実施され、二〇〇五年末の政策金利は四・二五％まで高まった。それでも、利上げは止まらなかった。二〇〇六年になっても六月までに四回の利上げが行なわれ、最終的に政策金利は五・二五％にまで上昇して、やっと利上げが打ち止めになったのである。二〇〇四年五月の利上げ開始前に政策金利は一％だったわけで、そこから二年で合計一七回、四・二五％もの利上げが急ピッチでなされたことがわかる。

金利が上昇したことでサブプライムローンの焦げ付きが起こり始め、アメリカの不動産バブルは崩壊へ向かう。ただ、二〇〇六年は中堅規模の住宅ローン会社の破綻は起きていたものの、まだ市場には楽観ムードが漂っていた。しかし時間が経つにつれて状況が深刻になり、大手金融機関を巻き込んだ大崩壊に繋がるのはそれから二年後の二〇〇八年秋のことであった。金利がピークを迎えてから金融危機本番まで、二年のタイムラグがあったことになる。

この「二年」という期間は、重要な数字として覚えておいた方がよい。というのも、政策金利を急ピッチで上げて、その結果バブル崩壊という構図が、ど

米国政策金利の推移（2004〜06年）

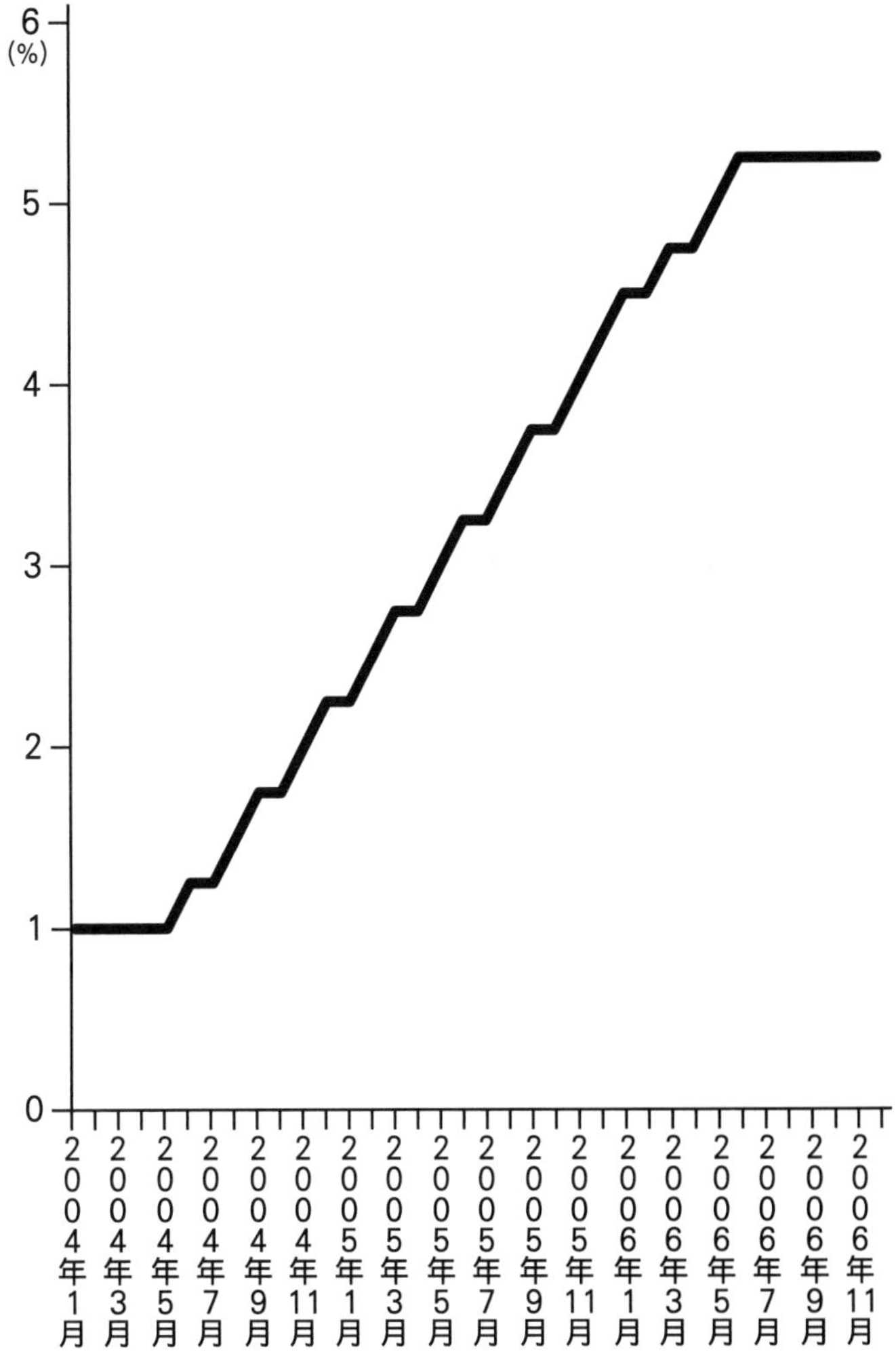

うも二〇二二年から今に至るまでのアメリカに酷似していそうなためだ。

アメリカでは二〇二二年三月まで、二〇〇四年五月と同様に歴史的な低金利政策が採られていた。政策金利は二〇〇四年五月よりもさらに低い〇・〇〇―〇・二五％であった。それが二〇二三年七月には五・二五―五・五〇％と、一年数ヵ月の間に五・二五％もの利上げが行なわれているのである。二〇〇四年六月から二〇〇六年六月までに見た利上げ幅よりも大きく、それでいて利上げの期間は先ほどよりも半年以上も短くなっている。しかもその過程において、二〇〇六年と同様にシリコンバレー銀行や他の中堅銀行の破綻が生じるなどの〝金融不安の前兆〟も起きていることがわかる。

前回の二〇〇八年の金融危機では、本格的な危機までのタイムラグが金利がピークを付けてから二年後（正確には二年三ヵ月後）だったわけで、それを当てはめると二〇二三年七月から二年後（あるいは二年三ヵ月後）の二〇二五年七月から二〇二五年秋頃が要注意の時期になる。二〇〇八年の金融危機では世界中の株式市場が暴落し、米国株も二〇〇七年一〇月―二〇〇九年三月でマイ

米国政策金利の推移（2022～24年）

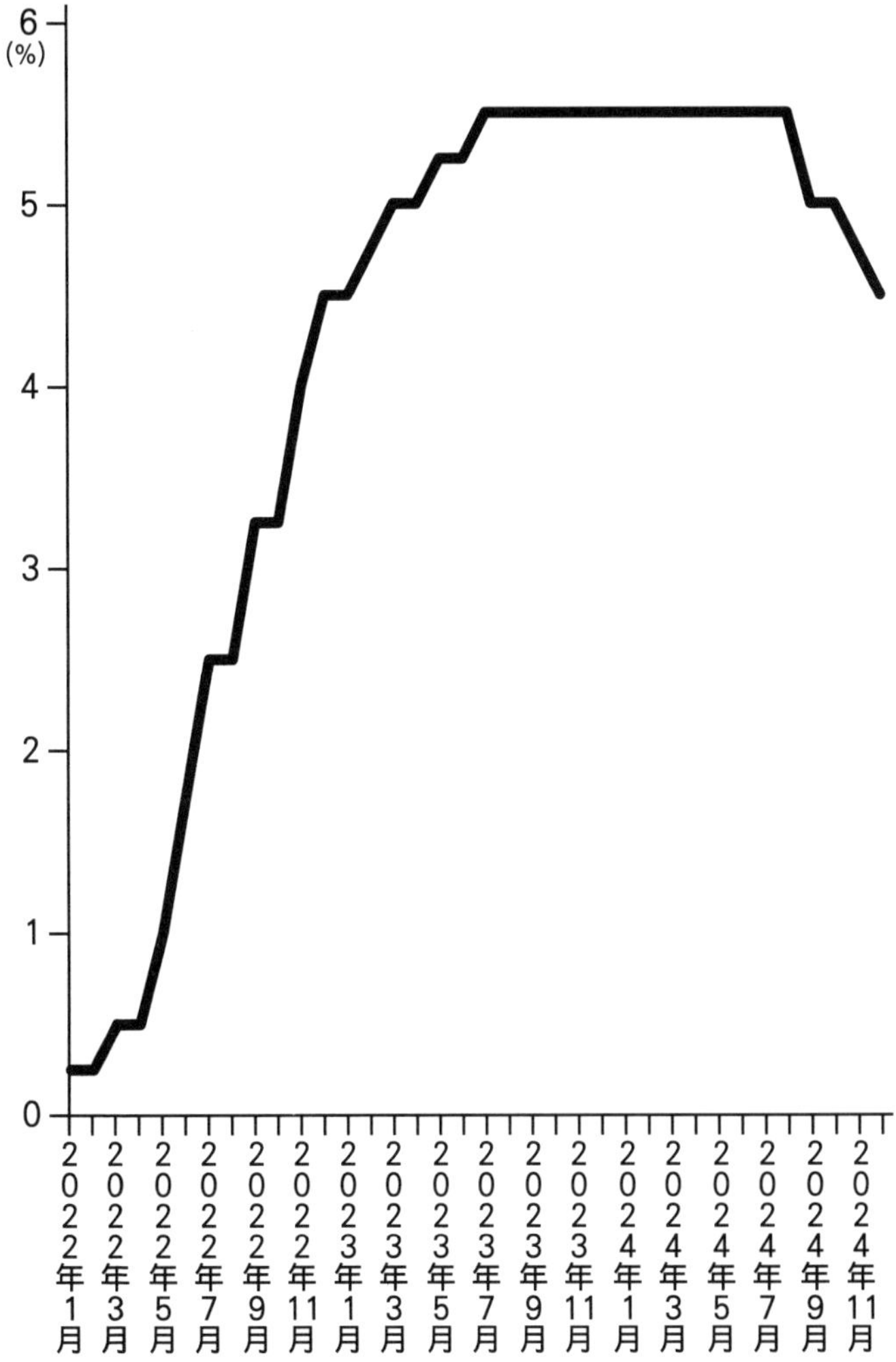

ナス五六％と半値以下になった。この中で特に厳しい事態が起きていたのは、二〇〇八年一〇月である。この時は、世界中の金融システムが薄氷を踏むような状態で成り立っており、あと一歩危機が深刻化すれば株の下落幅はさらにひどくなっただろうし、ひょっとすると世界中の金融システムがすべて崩壊し、いまだに混乱したままになっていたかもしれなかったほどの重要な局面を迎えていたのであった。これは今でも恐怖の中で思い出されることだが、市場から米ドルが枯渇するという前代未聞の出来事が起きていたのである。

一〇月六日から一〇日の金融危機の真っただ中で、外資系の銀行から信じられない言葉を聞いた――「市場から米ドルが消えた」と。米ドルは、今も当時も流通量がダントツ一位の通貨で、世界のほとんどのビジネスは米ドルで成り立っている。その米ドルが、市場でほとんど流通しなくなったのである。大手金融機関であっても決して安心できない状態で、次に潰れる金融機関がどこかを皆が血眼《ちまなこ》になって探していた時である。誰もが疑心暗鬼になる中、資金を融通し合う仕組みが機能するはずもなく、返済資金が調達できずに行き詰まると金融機関が破綻して行った。悪循環が連鎖的に発生していたのだ。

経済において、お金は〝血液〟の役割を担っている。常に循環して経済を支えている存在だ。その血液が止まるとは、どういうことなのか。それは、経済が死に体、つまり完全に機能を失った状態になるということである。一〇月六日から一〇日の世界経済は、まさにそんな状態であった。もし、米ドルの流れが止まった状態がその後もしばらく続いていたならば、どんな金融機関であろうが、またどんな企業であろうが壊滅的なダメージを受け、ありとあらゆる会社が破綻（デフォルト、契約不履行）を起こしていたであろう。日本を代表するトヨタでさえ、どうなっていたかわからない。本当に、世界は崩壊する寸前のところまで追い詰められていたのである。

今回のアメリカの金利上昇は二〇二三年七月にピークを打ったが、その二年後にやってくるのは、果たして二〇〇八年の金融危機に匹敵するほどの経済危機であろうか。残念ながらその見通しは甘い。絶望的なことに、それよりも遥かにひどい危機がやってくる可能性が高い。

それは相場に大きな爪痕《つめあと》を残す要因が、今回はアメリカ経済の過熱による金利のピークアウトだけではないからだ。第一章で述べたAIを中心としたハイテク株の総崩れ、いわゆるAIバブルの崩壊も大きな一つの要因である。そして第二章で述べた通り、重大な政治リスク、トランプリスクも決して見過ごすことができない重要な要因である。それらの要因が複合的に絡《から》まり、足し算ではなく「急ピッチで進んだ利上げのピークアウト×AIバブル崩壊×トランプリスク」のように掛け算となり、二〇〇八年よりも遥かに大きな脅威となって相場の大暴落を誘発するのである。二〇〇八年の金融危機では、日本株は四割減に、米国株は六割減になった。それよりも遥かに大きな世界規模での崩壊が起こると見ておいた方がよい。〝一九二九年の世界大恐慌の再来〟である。

一九二九年の株式大暴落

二〇〇八年の金融危機のことは、当時はよく〝一〇〇年に一度の金融危機〟

と呼ばれた。これは、一〇〇年に一度という滅多に起きない出来事を表現する言葉として使われたが、もう一つは一九二九年の世界大恐慌になぞらえて金融の大パニックを表現していたのだ。

ただ一九二九年に起きた世界大恐慌は、二〇〇八年の金融危機をさらに上回る大惨事であった。アメリカを代表する株式指数であるニューヨークダウは、一九二九年九月三日に付けた三八一ドルのピークからその三年後の一九三二年七月八日の下値四一ドルまで、なんと九〇％近くの大暴落を記録したのである。指数でさえこれほどの暴落だから、個別銘柄になるとさらにひどく、そのまま価値を失ったものも少なくなかった。倒産する会社は数多くあり、自己破産した個人も多かった。

世界大恐慌の始まりは、一九二九年一〇月二四日、世に有名な「暗黒の木曜日」である。この日、ニューヨークダウは実に不思議な動きをしている。午前中は売りが売りを呼び通信網がパンク寸前になるほどで、ニューヨークダウは三〇六ドルから二七二ドルまで一時的に一一％を超える下げを記録した。今でこそ株価の動きはパソコンやスマートフォンでいつでもどこでもチェックできるが、当時はコンピュータはおろかテレビ放送もなかった時代である。そのため相場が大きく動くと情報を求めて取引所に人が殺到するのだが、その日も投資家が取引所に押し寄せウォール街は人であふれかえった。

一時、パニックの様相を示した相場は、午後になると銀行を中心とした組織的な買い支えが入り引け値に掛けて株は上昇に転じた。結局終値は二九九ドルまで回復し、その日の下落幅はマイナス二・三%ほどに収まっている。この日一日の商いでは、それまでで最高の一二八九万四六五〇株の出来高を記録した。

一〇月二四日の引け近くに買い戻しが入ったことで、暴落は一時的な現象として片付けられた。その週末、ウォール街にやってきた観光バスが「ここが前の木曜日に莫大なお金が消えた現場です」と、冗談交じりに紹介したほどであった。しかし一〇月二四日の「暗黒の木曜日」は単に序章に過ぎず、本当の暴落は次の週に訪れた。

明けて月曜日の一〇月二八日、注文が多くなり株価の情報を伝達するティッカーテープが遅れ始めたことにより、投資家は先週一〇月二四日の売りが膨らんで相場が暴落した恐怖を思い出したのである。こうなると、再度大パニックである。そこからは再び売りが売りを呼び、時間が経つにつれて売りが段々ひどくなった。出来高は一〇月二四日を上回らなかったものの、一日の下落幅はマイナス一三・三％とはっきりと暴落の様相を示した。一〇月二四日にあった買い支えが二八日にはまったく見られなかったことから、投資家心理は完全に冷え込んでしまった。

翌日二九日火曜日は、朝から売り一辺倒の相場になった。「何でもよいから売りたい」という成り行き売りが殺到する中、ティッカーテープがまったく動かなかった。これは、あまりに売りが殺到したことで市場開始からしばらくの間、ティッカーが完全にストップしていたのである。ニューヨーク証券取引所でいつも相場を映し出す巨大なスクリーンは、当初空白のまましばらく時間が過ぎ、その後に表示された寄り付き相場でその場にいたすべての投資家は、ニューヨークで起きている異様な暴落を目の当たりにしたのである。

この日は一日中売りが続き、午後になっても収まる気配はなかった。三時の大引けのゴングが鳴ってもティッカーは動き続け、結局、ティッカーが止まったのはそこから二時間半後であった。出来高は、一〇月二四日を超えて過去最大の一六三八万三七〇〇株、下落率はマイナス一一・九％と、月曜日に続き二桁の下落を記録した。後でわかったことだが、一〇月二四日は銀行を中心とした金融機関が買い支えに入ったが、一〇月二八日と二九日は買い支えをやめて逆に空売りによって市場を悪化させていたと言われている。

その後一〇月三〇日、三一日は株が反騰《はんとう》したものの再び下落に転じ、一旦底を付けた一一月一三日にニューヨークダウは一九八ドルになった。直近のピーク三八一ドルから、約二ヵ月で四八％下落したことになる。この後、さらに年数を掛けてニューヨークダウは四一ドルまで下がるわけだが、その前にこの暗黒の木曜日からの一連のニューヨークダウ下落の要因を先に述べておこう。

ニューヨークダウがこれほど大きく落ち込んだ一番の原因は、実はその直前まで続いていた市場の過熱感によるものだ。アメリカは、第一次世界大戦を契機に債務国から一躍債権国になった。第一次世界大戦の主戦場は欧州で、そこから物理的に離れていたアメリカは、ほぼ無傷《むきず》だった。そして、その戦争特需により、アメリカが好景気に沸くことになった。特に一九二〇年代は、「永遠の繁栄」と呼ばれたほどだ。

ニューヨークダウも一九二四年からほぼ一本調子で上昇している。一九二四年に一〇〇ドル近辺だったニューヨークダウは、一九二九年九月三日までの五年のうちに約四倍にもなった。特に、一九二八年以降の株価の上昇は異常なほどであった。この頃は完全にバブルの状態で、「株をやらないやつは馬鹿だ」とばかりに誰もが簡単にお金を手に入れようと株へどんどん資金を投入していた。

米国株は大いに盛り上がりを見せており、その繁栄が永遠に続くものだと考えられていたのだ。一九二九年三月四日に行なわれたフーバー大統領の就任演説にもそれが色濃く反映されている。演説の結びの言葉を紹介しておこう——

「私は我々の国の将来に何の不安も持っていない。それは希望に輝いている」。

アメリカ全体が完全に慢心している状態であり、そしてその八ヵ月後にニュー

ローソク足チャート

Trading View のデータを基に作成

ダウ平均株価

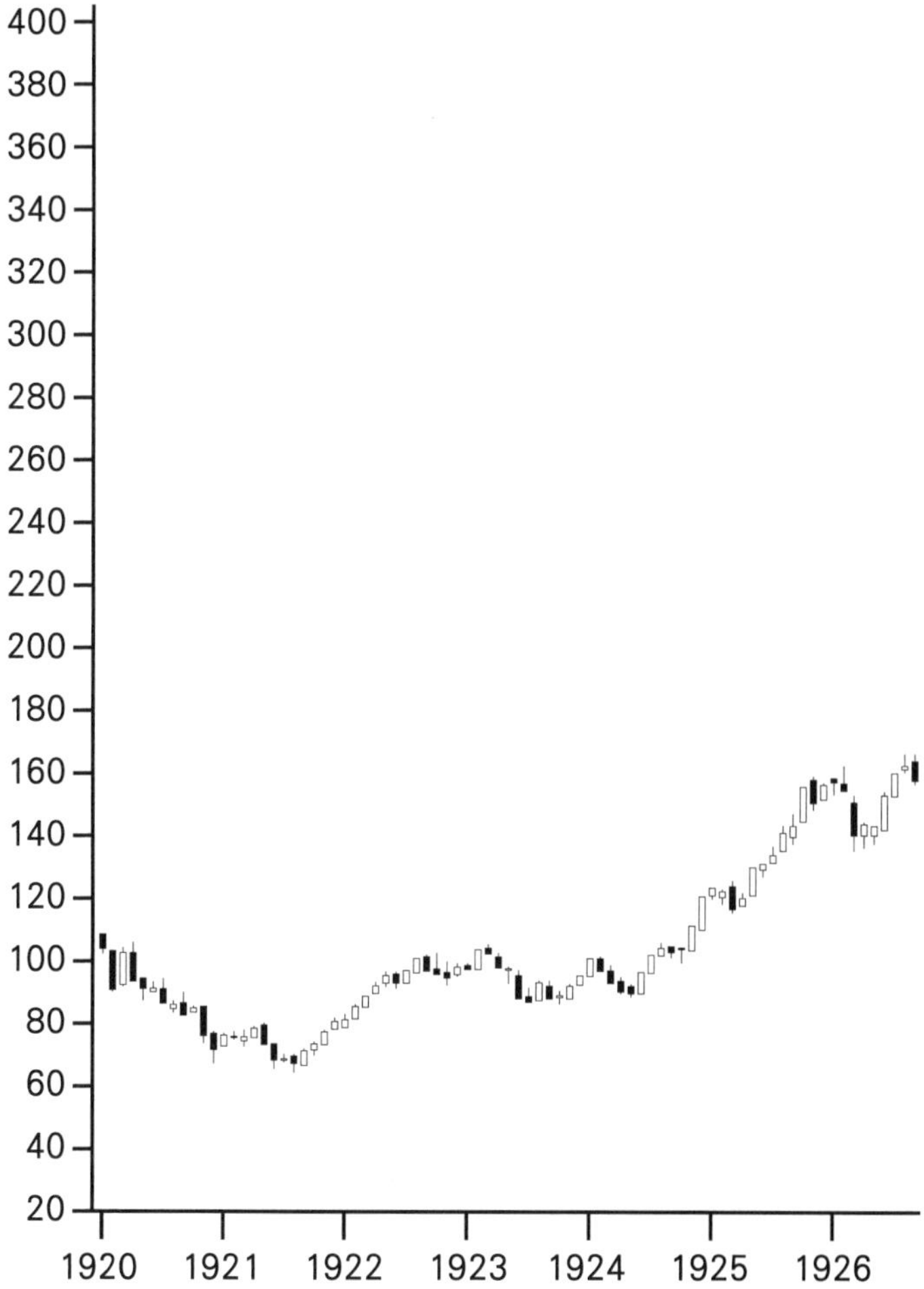
400
380
360
340
320
300
280
260
240
220
200
180
160
140
120
100
80
60
40
20
1920
1921
1922
1923
1924
1925
1926

ヨークダウが大暴落し、世界を巻き込んだ大不況が始まったのである。

フーバー大統領の失策とトランプ大統領の政策

一九二九年一一月一三日に一旦大底を一九八ドルで付けたニューヨークダウは、一九二九年末から一九三〇年春に掛けて二八〇ドル近辺まで持ち直した。フーバー大統領主導で行なわれた財界首脳会議、減税や公共事業拡張の声明が功を奏したのだ。ただ、ここでさらなる景気対策として、フーバー大統領は一つの大きな失策をしてしまう。一九二九年秋にニューヨークダウが約半分になった出来事は、もちろん欧州をはじめとして世界中に飛び火した。それにより世界全体の景気が後退する中で、アメリカは自国を優先する法律を施行したのだ。一九三〇年六月一七日に成立した「スムート・ホーリー関税法」である。二万品目におよぶ広範囲の輸入品に対して平均四〇%前後の高い関税を掛け、自国の特に農産物の保護に努めるという法律を定めたのだ。

これが完全に裏目に出た。アメリカの輸出入が半分以下に落ち込み、失業率もその年の冬、大幅にアップした。失業者はその後も年々増え続け、一九三三年には一二八三万人にもなった。当時のアメリカの人口は一億二一七七万人で、失業者一二八三万人という数字は労働者人口の二四・九％を占める。なんと、労働者の四人に一人が失業者という前代未聞の事態にまで追い込まれたのだ。

「株は景気の先行指標」とはよく言ったもので、一九三〇年六月に高い関税が掛けられることがわかるとそれまで回復基調だったニューヨークダウは急反落を見せた。そしてその後は目立った上昇もなく、年を追うごとにずるずると下落し、一九三二年七月八日にはピークから一〇分の一ほどの四一ドルを付けた。

アメリカで行なわれた自国保護の動きは世界に波及した。学生時代の世界史の授業に登場した〝ブロック経済〟と呼ばれる事態に発展したわけだ。これにより世界の貿易は七割以上減少し、失業率は世界で五〇〇〇万人に達した。その後、各国はさらに自国保護主義に走り、ついに国同士が衝突、それが第二次世界大戦へと繋がって行った。

ここで、ふと今の世界を見渡してみると、トランプ大統領が〝アメリカ・ファースト〟を掲げて行なっている各国への関税強化は、かなり危ない橋を渡る政策に映る。米国株式は現在高止まりの状態ではあるが、各国に高関税を適応することによって一九三〇年六月のように大暴落を引き起こす可能性があるのだ。しかも、アメリカの関税をきっかけに世界中がブロック経済の道を進むことになり各国の関係が激化して行けば、その果てにたどり着く先は〝第三次世界大戦〟かもしれないのである。

相場では「起こるはずのないことが起こる」

〝事実は小説より奇なり〟と言われるように、実際に起こる出来事は人が頭の中で考える空想の産物である小説よりも、遥かに不可思議なことが起こることがある。特に相場の世界はそうで、実際に起こるはずがないことが起きたりもする。二〇〇八年の金融危機の時もそうだ。この時は確率統計上ではあり得ない確率のことが起きたとされている。専門用語になるが、一説には7σ（セブン・シグマ）のことが起きたと言われており、確率にすると四〇〇〇億分の一の事象が発生したことになる。

もう一つ、こちらの方がわかりやすい例だと思うが、二〇二〇年四月には原油のマイナス価格騒動が起きている。通常の取引では、買った方がお金を支払う。たまにスーパーなどで消費期限間近のものを割り引いて販売したり、バナナの叩き売りでは「持ってけ、泥棒」の口上《こうじょう》で驚くほど値引きをして、売り手が損をするほど値段が安いことをアピールしたりする。さらに、お店にとって処分に困った時や新商品のアピールのために、「ご自由にお取り下さい」とタダで配ることもある。しかし、二〇二〇年四月の原油の相場では、それよりも遥かに常軌を逸することが起きた。五月締め切りの先物で、なんとマイナス価格が付いたのである。マイナス価格とは、売った方が買った方にお金を支払うということである。先ほどのバナナの叩き売りで考えると、バナナを売った方が買った側にバナナと一緒に代金を渡すのである。どう考えてもおかしな話であるが、そんな取引が実際に発生したのだ。

ニューヨーク・マーカンタイル取引所で取引されているWTI原油先物価格が、二〇二〇年四月二〇日に一時一バレル＝マイナス四〇ドル三二セントを付け、結局最終取引日である翌日二一日はマイナス三七ドル六三セントで取引を終えている。原油先物価格がマイナスとなったのは、この時が初めてであった。原因は、新型コロナの影響による原油需要の大幅減と貯蔵タンクやタンカーなどによる原油の保管コストの増加である。先物取引は、期限を迎えると現物で引き受ける必要が生じる。その原油の現物を保管する場所のコストが異常に値上がりしていたことから、誰もが原油を邪魔者扱いしたのである。

このように、起こるはずがないことが起こるのが〝相場〟なのである。

株式相場で一生に一度の大暴落が見られる時

投資家が考えていることを超える出来事が起こるのが〝相場〟である。相場の世界では、「まさかそんな」と思うこと以上のことが起こるのだ。

　そして、そんな相場の世界において覚悟しておくべきことがここ最近もう一つ増えている。それは、昔よりも市場の反応が過敏になっているということだ。

　それは、昨年二〇二四年八月五日の日経平均株価の動きに見られる。もうすでにお忘れになっている方も多いだろうが、この日、日経平均株価はわずか一日で四四五一円暴落した。この下落幅は、一九八七年一〇月二〇日ブラックマンデーの翌日に付けた下落幅三八三六円を超えて、日経平均株価で過去最大の下げ幅になった。そして、下落率も先ほどの一九八七年一〇月二〇日のマイナス一四・九％に次ぐ二番目で、マイナス一二・四％を記録している。

　では、今一度質問しよう。この日のことを覚えていただろうか。相場が大きく下落するとよく〝〇〇ショック〟と呼ばれたりするが、この二〇二四年八月五日には特に呼び名は付いていない。しかも、一九八七年一〇月二〇日のようにアメリカでのブラックマンデーの影響を受けたなどではなく、下落の理由もあまり明確ではない。言うなれば、何の変哲もない時に理由もなく日経平均株価がするすると暴落し、それが過去最大の下げ幅と史上二番目の下落率を記録したのである。

この意味を、私たちはもっと真剣に考えた方がよい。現在の日経平均株価は、ちょっとのことでも大きく反応するほど過敏になっている可能性が高い。つまり、もっと本格的なショックが起これば、二〇二四年八月五日を超えるとてつもない大暴落が発生するかもしれないのである。そして暴落のスピードも、一九二九年の世界大恐慌や二〇〇八年の金融危機を遥かに超えてくるだろう。年々市場のスピードは、高速化しているのだ。一九二九年規模の暴落が、わずか一ヵ月の間で起きることも考えられる。おそらくこの二年の間に、今までまったく見たことがない、一生に一度の大暴落劇が見られるだろう。

ただ、だからといってそれをむやみに怖がる必要はない。前兆は必ずあり、それに気付く人はいるのだ。一九二九年の暗黒の木曜日が発生するわずか二ヵ月前、株価がちょうどピークを迎えようとしていた八月に喜劇王チャールズ・チャップリンは「必ず株は暴落する」と言い出し、保有していた株をすべて売

日経平均株価の1日での大暴落比較

	1987年10月20日	2024年8月5日
日経平均株価の動き	2万5746円 ↓ 2万1910円	3万5909円 ↓ 3万1458円
下落幅	3836円 （過去2番目）	4451円 （過去最大）
下落率	14.9% （過去最大）	12.4% （過去2番目）
要因	米ブラックマンデーの影響	???

却している。また、スイスのチューリッヒ出身の投資アナリストで現在タイに住むマーク・ファーバー氏は、一九九〇年の日本のバブル崩壊や二〇〇八年の金融危機を事前に予測して有名になった。他にも、私の著書にたびたび登場するカイル・バス氏は二〇〇八年の金融危機を事前に予測し、なんと五〇〇〇億円を稼いだとされる。

私はカイル・バス氏とは何度か面談し、食事も一緒にしたことがあるが、彼はあらゆるところにアンテナを張ると同時に世界経済を俯瞰して眺め、あらゆる可能性について日々吟味《ぎんみ》している。普通であれば〝まさかここまで〟と思う常識に縛《しば》られず、その先に思考を飛ばし、あらゆる国の存亡の危機や戦争についてまで真剣に考えている（目下の関心は中国経済の崩壊と台湾有事のようだ）。

「賢者は最悪を想定しつつ楽観的に行動する」――私たちも彼らに見習い、アンテナを高く張り、大崩壊の前兆を見逃さないように注意深く相場を見守りたい。特に二〇二五年、二〇二六年の二年間は要注意である。

第四章

実は一〇〇年に一度のチャンス、オプションと大底買いで大資産家続出

打たないシュートは、一〇〇%外れる

（ウェイン・グレツキー　カナダのアイスホッケー選手）

株大暴落でも資産を殖やすには？

株が大暴落し、金融システムが崩壊するような状況の中で資産を殖やすことは難しい——多くの人はそう考えるに違いない。無理もない。そのような危機の時には多くの人々が資産を失う。

しかし、危機こそチャンスなのである。永遠に続く危機は存在しない。暴落した株を破格の安値で買うことができれば、その後の上昇相場で大きな利益を上げることができるだろう。

また、世の中には特殊な金融商品があり、その中には危機や暴落を逆手に取って利益を上げられるものが存在する。それこそ、「マネージド・フューチャーズ」（ＭＦ）と「オプション」だ。

本章では、一般にはあまり知られていない「ＭＦ」と「オプション」を中心に、危機時に資産を守り殖やす方法についてお伝えしよう。

株の大底買い

今から一七年前の二〇〇八年、リーマン・ショックをきっかけに「一〇〇年に一度」と言われる金融危機が世界を襲った。世界中のバブルが弾け、株は先進国から新興国に至るまで、世界中の市場で暴落した。

日本の株価も暴落し、一万二〇〇〇円台だった日経平均株価は、リーマン・ブラザーズ破綻直後の九月一六日には六〇〇〇円以上下落した。その後も乱高下しつつ急落を繰り返し、一〇月二七日には二〇〇三年四月に付けたバブル崩壊後の最安値（七六〇七円）を下回った。さらに翌二八日には、一時七〇〇〇円を割り込んだ。わずか一ヵ月半ほどで、四〇％を超える大暴落となった。

グローバル化により世界経済が結び付きを強める中で発生した「全世界バブル崩壊」は、世界経済にこの上ない衝撃を与えた。株、不動産、通貨、商品に至るまでほとんどのリスク資産が一斉に暴落し、短期的には分散投資がほとんど意味を成さないほどの異常事態となった。

株式の時価総額も急減した。国際取引所連盟（ＷＦＥ）によると、世界の株式時価総額は二〇〇七年一〇月には六三兆五〇〇〇億ドルあったが、一年後の二〇〇八年一〇月には三一兆ドルへと半減した。株式市場だけで、三〇兆ドル以上もの富が失われたのである。特に、中国やロシアなど一部の新興国では、株価は七〇％前後も下落した。当然、日本を含めた世界中のほとんどの人たちの資産が激しく傷んだ。

しかし、相場が底を打つのにさほど時間は掛からなかった。「すわ！　恐慌か？」という状況の中、各国が空前規模の景気対策や財政出動を実施したためだ。市場にばら撒かれた巨額のマネーにより、リーマン・ショックからわずか半年後の二〇〇九年三月には株式相場は早くも底を打ち、急回復した。日経平均株価も七〇〇〇円程度を底に急反発し、同年六月には早くも一万円の大台を回復した。わずか三ヵ月で四割も上昇したわけだ。

その後はいわゆるアベノミクス相場が本格化する前の二〇一二年まで一進一

退が続くが、おおむね一万円前後で推移した。

つまり、二〇〇八年秋から二〇〇九年の春までの〝暗黒の半年間〟に勇気をもって株を買えば、短期間でかなりの利益を上げられたということだ。

しかし、それは結果論であり「言うは易し」だ。こと暴落時においては、より難易度が増す。まず、株が暴落するような時には「〇〇ショック！」とか「〇〇バブル崩壊」「市場は売り一色！」「買い手不在の株式市場」「底値なお見えず」……等々、これでもか！というほどに市場は悲観一色に染まり、聞こえてくるのは相場の悪材料ばかりだ。そのような時に株を買う人は、〝頭がおかしい〟と考えるのが普通の思考回路というものだ。

しかし相場が難しいのは、そのような「普通の思考回路」ではなかなか勝てないところだ。相場にあえて逆らうくらいでないと、満足の行く利益を得るのは難しい。つまり、危機こそチャンスだ。今後、株が大暴落した際には、無理のない範囲で少し勇気を出して、「大底買い」にチャレンジするのは大いに有意義であろう。

「ＭＦ」という秘密兵器

大暴落時の株の大底買いは有効な戦略ではあるが、述べたように「恐怖との戦い」が求められるわけで、決して難易度は低くない。実は、このような大暴落のさなかにおいても、収益を上げることができる運用手法が存在する。それこそ、「マネージド・フューチャーズ（ＭＦ）」と呼ばれるものだ。

ＭＦとは、ヘッジファンドの運用戦略の一つである。ヘッジファンドと聞くと、「ハイリスク・ハイリターンで非常に危険なもの」という印象を持つ人もいるかもしれない。確かに、先物やオプションなどのデリバティブ（金融派生商品）を駆使し、攻撃的な運用手法で積極的に収益を追求するファンドもある。しかし、その一方で大損を避けるべく文字通りヘッジ（保険）を掛けながら運用するファンドも多く、実際には多種多様な運用手法がある。

ＭＦは株式、債券、通貨、商品、金利などのあらゆる上場先物を投資対象として、市場の動向に関わらず利益を上げることを目指す運用だ。上手く運用することができれば、株が上がろうが下がろうが、為替が円高になろうが円安になろうが、あるいは世界がインフレ、デフレのどちらに転ぼうが資産を殖やすことが可能だ。まさに「投資の革命」とも言うべき画期的な運用法と言える。

MFの特徴についてもう少し詳しく見て行こう。MFの特徴の一つに、先物で運用していることが挙げられる。マネージド・フューチャーズのフューチャーズとは「先物」という意味だ。

多くの日本人にとって、先物と言えば「危険なギャンブル」といったイメージがあるかもしれない。ある意味それは正しい。確かに、先物取引はハイリスク・ハイリターンの投資を可能にする。先物取引は、実際の総取引金額のごく一部（五―一〇％程度）の資金（証拠金）で取引することができる。

たとえば先物市場に一〇〇万円投資した場合、最大で一〇〇〇万―二〇〇〇万円といった金額（総取引額）を動かすことができる。仮に自己資金（証拠金）一〇〇万円で総取引額が一〇〇〇万円だったとすると、一〇％（一〇〇万円）

価格が変動すれば一一〇〇万円になるか、九〇〇万円になる。上手く行けば一〇〇万円儲かるし、下手をすれば一〇〇万円損をする。これは元々の自己資金が一〇〇万円だから、資金が二〇〇万円に倍増するか、あるいは逆にゼロになることを意味する。つまり、一〇倍のレバレッジ（てこ）が効いているわけだ。先物取引をハイリスク・ハイリターンにしているのは、この「レバレッジ効果」にある。素人が安易に手を出せば、取り返しの付かない結果になり得るのは確かだ。

しかし、先物には現物にはない利点があるのも事実だ。株にしろ不動産にしろ、現物の場合はまずはその投資対象を買わなければ始まらない。投資する＝買うことに他ならない。当然、買ったものが値上がりしない限り、儲けにはならない。ところが、先物では取引を「売り」から始める（売り建て）こともできるのだ。もちろん、現物と同様、「買い」から始める（買い建て）ことも可能だ。買い建てたものは値上がりすれば儲かり、値下がりすれば損をする。一方、売り建てた場合は値下がりすれば儲かり、値上がりすれば損をする。

一見すると逆にも見えるが、「安く買って高く売れば儲かる」という道理は変わらない。つまり先物の場合は、相場が上がっても下がっても収益を得るチャンスがあるというわけだ。特に、下げ相場でも利益を狙えるのは現物投資にはない特性だ。上手く利用できれば、資産運用の強力な武器になる。

先物には相場が上下どちらに動いても利益を出し得るという利点があるものの、感情に左右される人間が自分の判断で取引したところでそう簡単に利益を上げられるものではない。そこで有効になるのが、コンピュータを利用することだ。多くのMFがコンピュータを利用して運用している。コンピュータが過去の膨大なデータを処理し、確率計算を元に売買の判断を自動で行なって行く。

株が暴落し、人々がパニックに陥るような局面でも、MFはコンピュータが冷静に相場動向を判断し利益を積み上げて行く。実は、MFにとってはそのような局面こそが収益を上げる絶好の機会になる。あの「ニューヨーク同時多発テロ」などもよい例で、そのような局面は過去何度もあった。二〇〇八年九月、一〇月の株価大暴落の際にも、MFはその強さを遺憾《いかん》なく発揮した。この間、多くのＭＦが軒並み好成績を上げている。

ＭＦの運用――トレンドを追って行く手法

また、多くのＭＦは「トレンドフォロー」という手法を採用している。文字通り「トレンドを追い掛ける」、つまり「相場の流れに付いて行く」という意味だ。相場の流れに逆らわず、上昇しているものは買って行き、下落しているものは売って行くわけだ。一度相場の流れができれば、その流れはある程度継続する可能性が高い。上昇のトレンドにあれば先々の相場は下がるよりも上がる確率の方が高いと言える。基本的に予測はせず、あくまでもトレンドが発生したのを確認してから売買を仕掛ける。この方法では大底（最安値）で買うことはできないが、すでにできた流れに乗るわけだから勝率は上がる。ある意味で合理的な方法と言える。

トレンドに上手く乗ることができれば、利益はなかば自動的に積み上がる。

一度できたトレンドはある程度継続する傾向があるとはいえ、いかなるトレンドもいずれは終了する。永遠に続くトレンドはこの世に存在しない。トレンドの終了を正確に予測できれば利益を最大化できるが、それは現実には難しい。そのため、トレンドフォロー運用では基本的にトレンドの終了を予測することもしない。「もう、そろそろ下がるだろう」とか「下がり過ぎだ」という判断はしないのだ。つまり、トレンドが続く限り、どこまでもそのトレンドを追い掛けて取引を続ける。

当然、このやり方ではトレンドの転換点で損失を出すことになる。これは、トレンドフォローの弱点と言える。相場の転換点に加え、相場に目立った動きがなく、狭い範囲でもみ合うような状況も苦手だ。上昇、下落といったトレンドが出なければ、トレンドをフォローしようがないわけだ。ただし、これも計算済みのことで、様々な相場の動きの中で利益を上げたり損失を出したりしながら、最終的に成績がプラスになればよいという発想だ。

結果的にトレンドフォロー運用は、トレンドが大きく明確に出た時に強い。

簡単に言えば、「上がりっ放し」や「下がりっ放し」という相場に強いということだ。一方で、トレンドの転換点やトレンドが出ない横ばいの相場には弱い。

このように、MFの運用システムがいくら優れているといっても、勝率一〇〇%のシステムなど存在するわけがなく、損失を出すことも多々ある。そのような時に重要になるのが「損切り」の技術だ。損切りとは、たとえば上がると思って買った株が予想に反して下がってしまった場合に、ポジションを解消して（つまり、売って）損失を限定することである。損切りこそが、投資・運用において何よりも重視すべき基本中の基本だ。

その投資対象が値上がりすると考えるからこそ人は株などに投資するわけだが、予想に反して値下がりすることなど日常茶飯事である。たとえば一〇〇〇円で買った株の値段が九〇〇円まで下がってしまったとする。そのような時、「もう少しガマンすれば戻るはずだ」と思い込み、売らずに持ち続ける人は少なくない。その後、株価は八〇〇円、七〇〇円と下がって行き、ついには五〇〇円、つまり買い値の半分になりパニックになって売ってしまう。これではもう再起不能だ。しかも、売ったその時がまさに大底だったなどということも珍しくない。もしも、九〇〇円の時に損切りして一〇〇円の損失を確定させていれば浅い傷で済み、再びチャンスを待つことができる。

投資・運用では、あらかじめ適切な「損切りルール」を決め、それを確実に実行することが壊滅的な大損を回避するために何よりも大切だ。しかし、人間というのはなかなか損切りができないものだ。株にしてもFX（外国為替証拠金取引）にしても商品相場にしても、あるいは不動産取引にしても、ほとんどの投資家が利益を上げることができず、二〇〇八年秋のような暴落時には莫大な損失を抱えてしまうのは、損切りができないことが大きな要因だ。とにかく、損切りこそが投資・運用における最大の極意であり、優良なMFの運用はコンピュータにより損切りを徹底している。

実は、二〇〇八年の金融危機の際、ヘッジファンドの運用成績は大きく悪化した。アメリカの「ヘッジファンド・リサーチ（HFR）」によると、同年のヘッジファンド全体の運用成績はマイナス一八・三％と、一九九〇年に調査を開始して以来、最悪の結果となった。まさに、「恐慌」レベルの金融危機がもたらした結果だ。「ヘッジファンドは先物などのデリバティブを使って運用するわけだから、相場の下落にも強いのではないのか？」――そう思われた読者もいらっしゃるかもしれない。確かにそうだ。なぜ、ヘッジファンドの成績がこれほどまでに振るわなかったのか？　実はこの時のヘッジファンドの不振は、株などの暴落そのものに原因があったわけではない。運用不振の根本的な原因は、信用収縮だ。信用収縮とは、金融市場でお金の流れが滞り必要なところにお金が回らなくなることだ。金融市場が目詰《めづ》まりを起こしている状態だ。貸し渋りや貸しはがしも、信用収縮の一種と言ってよい。要は、世界中でリスク資産や融資が敬遠され、現金の需要が極度に高まる状況だ。

ヘッジファンドの運用――「買い」と「売り」を組み合わせる手法

ヘッジファンドの運用手法には、買いと売りを巧みに組み合わせ、文字通りヘッジをしながらその価格差を利益にする戦略を取るものが多い。

たとえばある時、同業種であるA社とB社の株が一〇〇〇円を付けていたとする。その時、A社の株を買う一方でB社の株を売る。その業界全体に影響する悪材料が出て、その業界の株価全体が下落すると、両社の株価とも大きく下げる。仮に両社の株価が共に七〇〇円になったとすると、A社の株で三〇〇円損するが、逆に売り建てをしているB社の株で三〇〇円儲かる。つまり、相殺《そうさい》されるわけだ。もちろん完全に相殺されてしまっては＋－ゼロとなり、意味がない（厳密には売買コストの分、マイナスになる）。

そこで、相場のわずかな割安・割高を見出し、その価格差を利益にするのである。相場は常に変動する。たとえば、前述のA社株が九五〇円、B社株が一〇五〇円を付けた時にA社株を買い、B社株を売ったとする。その後、その業界の株価全体が下落し、両社の株価が共に七〇〇円になったとすると、A社の株で二五〇円損するが、B社の株で三五〇円儲かる。差し引き一〇〇円の儲けとなる。

イメージしやすいようにここでは個別株を例に挙げたが、価格差を狙うヘッジファンドはこのような売買を株式だけでなく、債券、商品、通貨など様々な市場でコンピュータも駆使して割安・割高を判断して運用する。この手法であれば、相場全体がどんなに暴落しようが、あるいは暴騰しようが、大損する可能性は非常に低い。逆に、大儲けする可能性も非常に低くなる。ヘッジをかけながら売買するわけだから安全性は高いと言えるが、ヘッジは言わばコストだからその分儲けは少なくなる。そこで利益をかさ上げするため、借り入れをしてレバレッジを効かせるわけだ。

しかし、貸し渋りにより借り入れができなくなれば、レバレッジを掛けることができず、当然運用効率は落ちる。さらに、危機の際には多くの投資家が現金化に走るため、ファンドの解約も増える。すると、ヘッジファンドは解約資金を調達する必要に迫られるが、銀行の融資が期待できなければ、保有するポジションを解消（投資しているものを決済すること）して現金化するしかない。割安だと考えて買っていたものが売られ、割高だと考えて売っていたものが買われることになる。その結果、割安なものがさらに下落し、割高なものがさらに上昇する。こうして〝価格差を取りに行く戦略〟は、まったくと言ってよいほど機能しなくなってしまう。これが、信用収縮により多くのヘッジファンドが不振に陥るメカニズムだ。

ＭＦは投資・運用の極意にかなっている

多くのヘッジファンドが苦戦する信用収縮の状況下、ＭＦだけは収益を上げたことはすでに述べた。なぜ、ＭＦだけは好調だったのか？　主な理由は二つある。一つはＭＦの運用手法だ。多くのＭＦが採用するトレンドフォローは、文字通り「トレンドを取りに行く戦略」であり、「価格差を取りに行く戦略」ではない。トレンドフォローの場合、上昇トレンドあるいは下落トレンドが長く続くほど儲かる。上昇トレンドが続き、割高なものがさらに割高になった方が儲かるし、逆に下落トレンドが続き、割安なものがさらに割安になった方が儲かるわけで、この点は価格差を狙うヘッジファンド運用とは対照的だ。

もう一つの理由としては、一般的なMFは、他のヘッジファンド運用に比べ短期債など実質的に現預金に相当する資産の保有割合が多いことが挙げられる。そのため、信用収縮の影響を受けにくい。現預金が潤沢にあれば、多少解約が増えようがビクともしない。銀行から融資を受けられず、資金繰りに窮《きゅう》するなどということもない。

人間は幾度となくバブルを発生させ、暴落して慌てるが、コンピュータは常に冷静だ。株の大暴落などで多くの投資家がパニックに陥るような局面でも、コンピュータは冷静に相場を判断し、適切に損切りを実行しつつ、利益を積み上げて行く。MFは、投資・運用の極意にかなった運用ということだ。

では、このような優良なMFのいくつかを具体的に見て行こう。

MFの先駆者と言えるのが、世界有数の規模を誇るヘッジファンド運用会社である「マン・インベストメンツ社」だ。そして同社の代表的なMF戦略ファンドが「Aファンド」である。

「Aファンド」は九六年三月に運用が始まり、三〇年近い実績がある。当初一〇ドルからスタートした基準価格は、二〇二五年一月末時点で一四四・〇四ドルまで上昇している。三〇年弱で、元本が一四・四倍に殖えたということだ。その間の年率リターンは、九・六八％に達する。

すでに述べたようなトレンドフォロー、損切りといった技術を駆使し、過去数十年の相場のデータを用いて確率計算によって安全性を高めながら巧みに運用を行なう。

「Aファンド」は、戦争や経済危機といった世界の変動に強い。八七年の「ブラックマンデー」、九七年の「アジア通貨危機」、二〇〇一年のニューヨーク同時多発テロなどの際には、世界的に株が暴落した。世界の株価暴落に呼応するように世界中の大多数のファンドの価格も暴落したが、「Aファンド」は高いリターンを上げている。

二〇〇一年九月の同時多発テロの際には、株の暴落により株で運用するファンドはもちろん、世界中のほとんどのファンドの運用が大幅なマイナスとなり、

「Aファンド」チャート

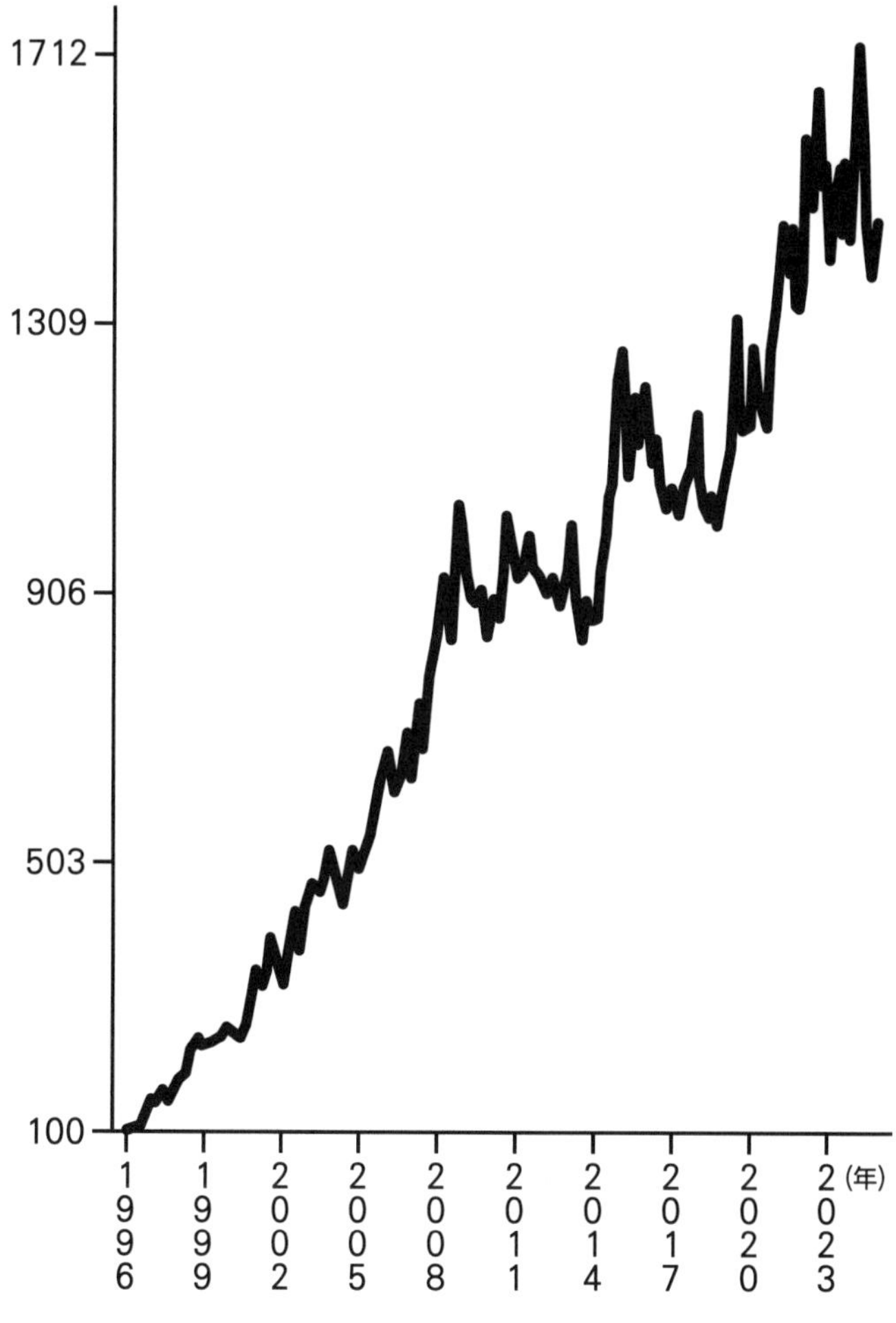
1712
1309
906
503
100
1996
1999
2002
2005
2008
2011
2014
2017
2020
2023
(年)

投資家は多大な損失を被った。ところが、この「Aファンド」、その一ヵ月の間に一六・四％も上昇したのだ。

また、二〇〇八年秋の金融危機の際には、九月一日から一〇月三一日までの二ヵ月間で日経平均は三三・七％も暴落したが、この株価大暴落とほぼ同期間の九月一日から一〇月二七日までの間で、「Aファンド」は一五・五％上昇しているのだ。

最近の例では、二〇一二年の成績も印象的だ。最近は株式市場の好調振りが目立つが、この年の株式市場は大きく下落した。日経平均はマイナス九・四％と比較的〝軽症〟だったが、世界全体の株式の値動きを示す「MSCI ACワールド指数」はマイナス一九・八％と大きく下落した。そのような中、MFはそのパワーを遺憾なく発揮し、多くのMF戦略ファンドが軒並み好成績を上げた。この年、「Aファンド」は一二・五％のリターンを上げている。

残念ながら現在、日本人投資家が「Aファンド」に投資することはできない。ただし、この「Aファンド」の運用を採り入れた投資信託が国内で販売されている。言わば、国内金融機関で買える「Aファンド」だ。海外ファンドである「Aファンド」を国内で販売できるよう国内投資信託に加工するコストが掛かるため、わずかながら「Aファンド」のリターンを下回るが、値動きは「Aファンド」とほぼ連動する。この投資信託であれば、二〇二五年一月末現在の基準価格によれば一万五〇〇〇ドル（約二二五万円）程度で投資可能だ。

もう一つ、有名なMF戦略ファンドに「Tファンド」がある。一九九四年から運用をスタートし、その間の年率リターンは約八％である。九年で元本が約二倍になる計算だ。基本的な運用手法は「Aファンド」とほぼ同じであるから、値動きも似通《にかよ》う。「Aファンド」と同様、戦争や経済危機といった世界の大変動に強い。

二〇〇八年のリーマン・ショックの際も大儲けしている。リーマン・ショックが発生した九月は、月間で一一・三％のリターンを叩き出した。当時は翌一〇月の方が株式市場の暴落がひどかったが、一〇月も一一・六％のリターンを上げている。暴落を逆手に取って大儲けしたわけだ。この年の年間成績は、なんと五〇・九％に達する。
株式市場が大きく下落した二〇二二年もやはり好成績を収め、「Aファンド」のリターンをさらに上回る二三・一％という非常に高いリターンを叩き出している。

投資できる通貨は豊富で、一般的な米ドル建ての他にユーロ建て、スイスフラン建て、イギリスポンド建て、円建てがあり、いずれも一〇万ドル相当額（約一五〇〇万円）から投資することができる。

「一五〇〇万円投資するのは難しい」という人には「T－ミニ」という選択肢がある。「T－ミニ」なら、一万ドル相当額（約一五〇万円）から投資可能だ。「T－ミニ」の運用は「Tファンド」とほぼ同じだから、成績はおおむね連動する。「T－ミニ」のリスク（値動きの大きさ）とリターンは、いずれも「Tファンド」の半分程度だ。期待リターンの高さが魅力の「Tファンド」だが、その分値動きはそれなりに大きいファンドでもある。多少リターンが落ちても安定的な運用を望む人には、むしろ「T－ミニ」の方が向いているだろう。

「Tファンド」チャート

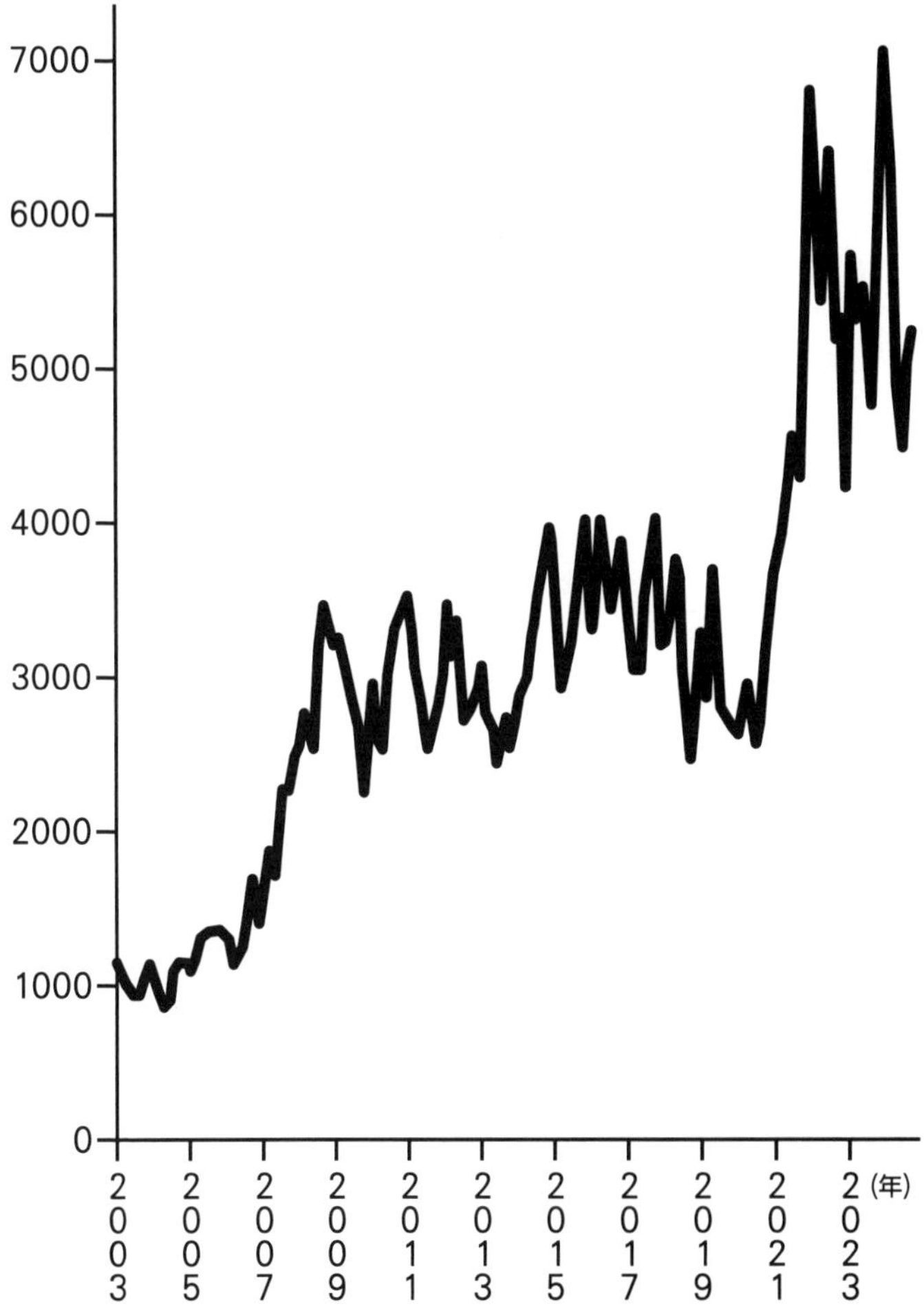
7000
6000
5000
4000
3000
2000
1000
0
2003
2005
2007
2009
2011
2013
2015
2017
2019
2021
2023
(年)

私はこれらMF戦略ファンドを含め、海外ファンドや海外口座を対象とする会員制アドバイザリー組織を主宰している。MF戦略ファンドについても専属スタッフが会員に対し個別に解説しているので、ご興味のある方はぜひご利用いただきたい。資産規模別に「プラチナクラブ」「ロイヤル資産クラブ」「自分年金クラブ」という三つのクラブがある（詳しくは巻末のお知らせ参照）。

「オプション」という究極の手段

もう一つ、株暴落で大儲けする究極の手段として「オプション取引」を紹介しよう。オプション取引とは、「対象となる資産を買う権利」と「対象となる資産を売る権利」を売買する取引だ。対象となる資産を「原資産」と言い、日本では「日経平均株価を原資産とする」オプション取引が盛んに行なわれている。買う権利は「コール」、売る権利は「プット」と言い、その権利そのものを売買する。コール、プットそれぞれに価格が付き、その価格が激しく上下するのだ。

コールを買うと相場が上がれば儲かり、プットを買うと相場が下がれば儲かる。

日経平均のオプション取引や先物取引には、スペシャル・クォーテーション（ＳＱ）と呼ばれる決済期限がある。ＳＱは毎月第二金曜日と決まっており、その際に決済されなかったオプション取引の清算を行なう。

例を挙げて説明しよう。たとえば、ある年の八月に日経平均が一万五〇〇〇円を付けていたとしよう。その時、日経平均の値上がりを予想し、権利行使価格一万八〇〇〇円の九月物のコールを買ったとする。これは、「九月のＳＱの時点で、（その時の日経平均の水準に関わらず）日経平均を一万八〇〇〇円で買う権利を得た」ということである。

仮に日経平均が予想通り上昇し、九月のＳＱの時点で一万九〇〇〇円になったとしよう。その時点で一万八〇〇〇円で買う権利を行使すれば、差額の一〇〇〇円が利益になるわけだ。では、日経平均は上昇したものの一万七〇〇〇円止まりだった場合はどうなるか？　読者の多くは一〇〇〇円の損失になると思うだろう。しかし、そうはならない。オプションの買い手は、損失が出るような場合は権利を放棄すればよいのだ。それなら損失は出ないのかというと、もちろん、そんなうまい話はない。実際は、オプションを買った時の代金（これを「プレミアム」という）がパーになるのである。

日経平均の上昇を予想した場合、「コールを買う」という方法があるわけだが、他に「プットを売る」という方法もある。プットの買い手は相場が下がれば儲かるわけだから、その反対側にいるプットの売り手は相場が下がれば損をする。逆に言えば、相場が下がらなければ儲かるわけだ。

つまり、コールを買うのもプットを売るのも、日経平均が上がれば儲かり、下がれば損するという点では同じではある。しかし、コールにしろプットにしろ、買いと売りとでは損益の特性に大きな違いがある。

コールおよびプットの買いの場合は、相場が予想通りの方向に動けば、利益は無限大に増加する。「一万八〇〇〇円のコールの買い」を例に取ると、SQの時点で日経平均が一万九〇〇〇円になれば差額の一〇〇〇円が儲けになるし、二万円になれば差額の二〇〇〇円が儲けになるという具合だ。相場が予測と逆方向に動いた場合は投資額（＝プレミアム）を失う。言い換えると、相場が予測と逆方向にどんなに大きく動いたとしても、損失額は投資額の範囲内に限定されるということだ。

一方、コールおよびプットの売りの場合は、この損益の特性が正反対になる。相場が買い手の予想通りの方向に動いた場合、損失が無限大に増加する。先の例で「一万八〇〇〇円のコールの売り」を行なった場合、ＳＱの時点で日経平均が一万九〇〇〇円になれば差額の一〇〇〇円が損失になるし、二万円になれば差額の二〇〇〇円が損失になるという具合に損失額は無限大に拡大して行く。

相場が買い手の予想と逆方向に動いた場合は、買い手が支払ったプレミアムが売り手の儲けになる。言い換えると、相場が買い手の予想と逆方向にどんなに大きく動いたとしても、売り手の利益はプレミアムの範囲内に限定されるということだ。つまり、オプションの買い手は「利益は無限大、損失は限定」となり、オプションの売り手は「利益は限定、損失は無限大」となる。このような特徴を聞けば、売り手より買い手の方が有利だと思うだろう。利益は限定されず、損失は限定される方が良いに決まっていると考えるのが普通だ。しかし、実は逆で、基本的にオプション取引はコールにしろプットにしろ、売り手が有利にできているのだ。

詳細の説明はオプション取引の解説本に譲るが、オプション取引はよく保険の仕組みにたとえられる。オプションの買い手が保険の加入者、オプションの売り手が保険会社という構図だ。オプション取引のプレミアムが保険料に相当する。保険では、加入者が保険料を払い、保険金の支払い対象となる事案が発生した時に保険金を受け取る。それに対して、保険会社は保険料を受け取り、保険金の支払い対象となる事案が発生した時に保険金を支払う。金銭面での損益を考えた場合、加入者は全体で見ると必ず損失となり、保険会社は必ず利益が出る。そうでなければ保険会社という商売は成り立たない。オプション取引もこれと似た構図で、オプションの買い手は損失となり、オプションの売り手が利益となる確率が高くなるわけだ。

このようなオプション取引の特徴を知れば、オプションの売りをやりたくな

コール・プットの損益

オプションの種類	オプションの売り・買い	プレミアム	損益
コール	買い	支払	利益:無限大
			損失:限定
	売り	受取	利益:限定
			損失:無限大
プット	買い	支払	利益:無限大
			損失:限定
	売り	受取	利益:限定
			損失:無限大

※厳密には、プット買いの利益とプット売りの損失は「原資産の価値がゼロになるまで」となる。

るだろうが、安易に手を出せば破滅しかねない。オプションの売りは、読みが外れれば損失が無限大に膨らむ。ずぶの素人が事業費や死亡率、運用利回りなどをきちんと計算せず、安易に保険会社を経営するようなものだ。

日経平均が一万五〇〇〇円を付けていたある年の八月に話を戻そう。この時点で権利行使価格一万八〇〇〇円の九月物のコールのプレミアムは、ほとんど価値がない。一万五〇〇〇円の日経平均が九月までのわずか一ヵ月間で一万八〇〇〇円まで上昇する可能性は、非常に低いと考えるのが普通だからだ。そのためプレミアムは一桁、つまり一〇円未満で売買されることになる。

仮にこのコールが五円で売買されていて、これを買ったとしよう。オプション取引の売買単位は「枚」であるが、最低取引単位の一枚を売買した場合でも倍率は一〇〇〇倍となっている。つまり、五円のプレミアム一枚の支払い代金は五〇〇〇円となる。日経平均が九月のSQまでに一万八〇〇〇円を上回らなければプレミアムは無価値となり、投資額の五〇〇〇円を失うことになる。そして、当然ながらそうなる可能性が高い。

しかし、相場というものは時にとてつもない変動を見せることがある。仮に、八月に一万五〇〇〇円だった日経平均が一ヵ月後の九月のＳＱ時点で二万円まで上昇したとする。すると、五円で買った権利行使価格一万八〇〇〇円のコールのプレミアムは暴騰する。この時点で権利行使をすれば、差額の二〇〇〇円あまりが利益になる。実は、この二〇〇〇円というのはとてつもない利益なのだ。買い値を思い出してほしい。五円である。それが一ヵ月足らずで二〇〇〇円になったということだ。四〇〇倍である。つまり、投資額の五〇〇〇円は二〇〇万円になるわけだ。もし五万円投資していれば、二〇〇〇万円になる。投資額が五〇〇万円なら、なんと二億円だ。

実際、コロナショックによる株の暴落でも、価格が数百倍になったオプションが存在する。仮にプットを一万円買っていたら数百万円に、一〇万円買っていたら数千万円になるということだ。しかも、読みが外れても損失はそれぞれ投資した一万円あるいは一〇万円に限定される。

さらに強烈だったのが、二〇二四年八月五日だ。この日、日経平均は大暴落した。ブラックマンデー翌日の一九八七年一〇月二〇日の三八三六円安を超え、四四五一円安という史上最大の下落幅となった。この歴史的な大暴落によりプットの価格は大暴騰し、中にはプレミアムが二七五〇倍になったものがある。仮にこのプットを一万円だけ買っていたとしても、二七五〇万円になったわけだ。一〇万円の投資でも、二億七五〇〇万円に化けるということだ。オプション取引には、これほどすさまじい破壊力があるのだ。

オプション取引は決済期限まで取引を継続することもできるし、決済期限を迎える前に反対売買を行ない取引を終了することもできる。理解しやすいようにオプション取引の「買い」を決済期限まで継続した場合、権利を行使することも放棄することもできると説明したが、実際の取引では権利の行使、あるいは放棄は、原資産の権利行使価格とSQ価格との差から自動的に決済される。つまり、オプションの買い手の利益が出る状況であれば自動的に権利行使され、損失が出る状況であれば自動的に権利放棄され清算されるわけだ。

また、実際の取引においては決済期限を迎える前に反対売買を行ない、損益を確定するケースが圧倒的に多い。

私のオプション取引のキャリアは長い。現在、オプション取引は証券会社のネット取引で行なうのが主流で、もちろん私もネット取引を利用しているが、私はインターネットが普及する前からオプション取引を行なっていた。当然、ネット取引などないから、電話や証券会社の店頭で証券マンを相手に売買注文していた。そんな当時のエピソードを一つ紹介しよう。

日経平均が下落を続けていたある時期、私はいくつかの情報を元に日経平均は間もなく急騰すると予想した。そこで私は、四〇〇万円ほどの資金でコールを買った。買った直後、不運なことが起きた。金丸副総理（当時）が逮捕されてしまったのだ。「ああ、これはまずい。株は大きく下がるだろうな」と私は覚悟した。しかし、相場とは実に不思議なものだ。この直後、なんと株は勢いよく上昇したのである。私が四〇〇万円で買ったコールのプレミアムは、わずか一〇日ほどで二四〇〇万円に跳ね上がった。

ここまでは良かったのだが、その後、今度は相場が下がるだろうと考えプットを買ったところ、二四〇〇万円はあっという間にゼロになってしまった。

このように、オプションは上下変動が極めて激しい。まさに〝飛び道具〟のようなものだ。予想が外れれば資金は、一瞬にして吹き飛ぶリスクがある。オプション取引は、基本的にハイリスク・ハイリターン商品であり、むやみに投資するべきものではない。ただし、相場が反対方向に急激に動きそうな、〝ここぞ〟という時にオプション取引の「買い」を行なえば、現物株では到底考えられないほど爆発的に資金を殖やせる可能性があるのだ。

「買い」であれば損失が限定され、株式などの現物投資ではほぼあり得ない大きな収益期待が魅力のオプション取引だが、一方で損失を被る確率も高い取引のため、取り組むには十分な注意を要する。

ただし、正しい知識を身に付け、少しずつ経験を積むことでリスクを上手くコントロールすれば、今後も予想される株の暴落局面で大きな利益を得ることは決して不可能ではない。日本が恐慌から国家破産へと突き進む中、株の大暴落が避けられないと予測した私は、このピンチをチャンスに変えるべく数年前に「オプション研究会」という会員制組織を立ち上げた（詳しくは巻末のお知らせをご参照いただきたい）。まったくの初心者でも基本から懇切丁寧に指導し、推奨するオプション銘柄や売買タイミングについて情報発信を行なっている。オプション取引で収益を上げる確率を高めるには、専門家による情報や助言を活用するのも有効であろう。

というわけで、オプション取引は現代における〝すさまじいミサイル〟と言える。高性能ミサイル、あるいはドローンによるピンポイント攻撃だ。それに比べれば現物で売り買いする人は、日本刀で戦っているようなものだ。信用取引、先物取引、ＦＸはせいぜいライフルでの撃ち合いだ。そのくらいの差があると言える。だからオプション取引、特に暴落時に利益が出るプットの「買い」は普段やるものではないが、滅多に起きない大暴落の際には信じられないほどのとてつもない利益をあなたにもたらす。

そこで、一つのシミュレーションを示そう。仮に、日経平均が一万五〇〇〇円下がり、日経平均先物が二回もストップ安を付けるような状況が出現したとしよう。実際、これから一年ないし二年の間にそのような状況が実現する確率を、私は五〇％と見ている。ちょっと一九六―一九七ページの図を見てほしいが、そのような状況に備え、プットを毎月一〇万円掛けておけば暴落時にはプットの一〇万円が一〇〇〇倍の一億円になる。大底でそれを売り払って、逆にコール、つまり上がる方に掛けたとすると、日経平均は一万五〇〇〇円の約三分の一の五〇〇〇円くらいは急反発するだろうから、少なくとも三〇倍に増える。つまり、一〇万円が一〇〇〇倍で一億円になり、それがさらに三〇億円になる可能性があるわけだ。

というわけで、最終的に次のようなことが言える。もしもこの本を読み、あなたが「オプション研究会」に入ってすぐにオプションのやり方を学んで、そしてスマートフォンを使って、たとえばＳＢＩ証券のネット口座でこの方法を実践した場合、たとえば二〇二五年四月から二〇二六年九月までの一八ヵ月間、毎月一〇万円を掛け捨て保険のようにプット、中でもファープット（権利行使価格から遠く離れた非常に安価なプット）を買ったとする。その一八ヵ月間のどこかで、述べたような大暴落が起きた場合、一〇万円で買ったプットが一〇〇〇倍、逆に大底からの急反発でのコール買いで三〇倍、つまり一〇万円が三〇億円になる。ただし税金が約二割掛かるので、三〇億円の〇・八倍の二四億円があなたの手元に残る。これが正味のあなたの手取りとなる。これ以上取られることはない（細かい金額は除く）。

逆に、何も起こらなかった。つまり予測が外れた場合はどうなるかというと、一〇万円×一八ヵ月分の一八〇万円がゼロ、あるいは途中で上手く売った場合、資金がたとえば五〇万円などに目減りすることが考えられる。オプション取引の「買い」の場合、投資額を上回るマイナスになることはあり得ないので、計算上はあなたは最大で一八〇万円捨てる、それだけのことである。

だから、私、浅井のことを信用してやった場合、あなたが損したとしてもその額は最大で一八〇万円となる。後は、スマホを持っていなければ、スマホの購入費用が掛かる。それだけの投資で「手元に二四億円残る確率が五〇％」と私は考えている。

シミュレーション

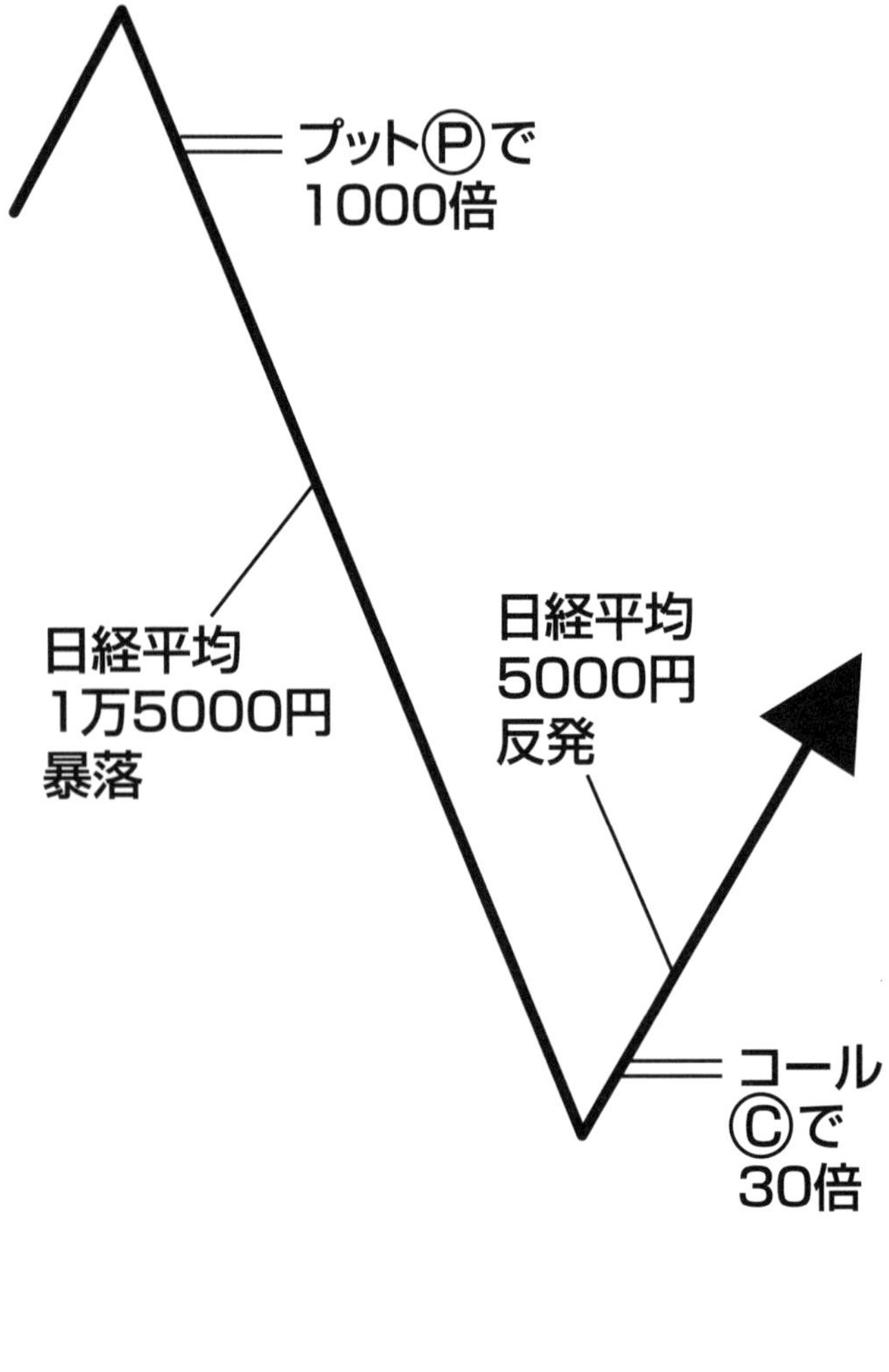

50%の確率で起こり得ることの

●10万円×1000倍×30倍

=30億円×0.8(20%税金)

=24億円

があなたの手元に

●逆に最悪の場合、

2025年4月〜26年9月の

18ヵ月×10万円

=180万円

がゼロとなる

絶対とは言えないのは当然だが、一〇〇年に一度とも言うべきこの大チャンスを活かすためにも、「オプション研究会」に入らない手はない。現物株のように、このミサイルが飛び交う時代に日本刀で戦うことなどあり得ない。まさにそういうことだ。

私は坂本龍馬の海援隊にあやかり（株）第二海援隊という会社を経営しているが、もしも坂本龍馬が現代に甦《よみがえ》ったら彼はこのオプション取引をもっと多額に張って一〇〇〇億円くらい稼いで、それを元に日本を改革することだろう。というわけで、皆さんもぜひオプション取引に取り組んでいただきたい。

以上、株の大暴落に見舞われた際に資産を守り、さらに殖やすための方策として「株の大底買い」と「MF」「オプション取引」について解説した。株の大底買いとMFは、資産の保全を図るのに適している。それに対してオプション取引は、一攫《かく》千金を狙える夢のある投資手段だ。これらのノウハウを上手く活用できれば、来《きた》るべき困難な時代を豊かに過ごすことができるだろう。

エピローグ

危機こそ最大のチャンスであり、
財産を取り返すためのリベンジの大舞台でもある。

（浅井隆）

大恐慌を生き残る道

この宇宙のすべてのものには波がある、波動がある。そして、トレンドとタイミングというものがある。

この二〇二五―二六年という二年間は、人類の生み出した最大の発明である「経済」に大崩壊が訪れる時期なのだ。その別名を、「恐慌」という。かつて一九二九年にアメリカから始まった世界大恐慌は、瞬《また》く間に全世界を呑み込み、多くの人々が全財産を失った。

しかし一部の賢い人々はその到来にいち早く気付き、他の人々より早目に手を打って難をのがれただけでなく、そのうちの半数の人々は逆に財産を大きく殖やすことに成功したのだ。

というわけで、この大恐慌にも助かる道は必ずある！

この大災害から生き残りたい方はぜひ、私が率いる専門集団「第二海援隊生き残りセンター」にお問い合わせ（〇三―三二九一―六一〇六 担当：山内、稲垣、関、齋藤）いただきたい。必ずお役に立てるはずだ。
その時の合い言葉こそ、「叩けよ、さらば開かれん‼」（キリスト教の『マタイによる福音書』第七章より）だ。

二〇二五年三月吉日

浅井 隆

■今後、『投資の神様』『2年以内に世界恐慌、3年以内に日本国破産。そして5年以内に気候変動が暴走し始める!』『ワイフ・ロボット』（仮題）を順次出版予定です。ご期待下さい。

浅井隆からの重要なお知らせ

恐慌および国家破産を勝ち残るための具体的ノウハウを伝授

「第二海援隊生き残りセンター」

本書を読まれた方は、「二〇〇〇年に一度の大暴落」→「大恐慌」がやってくる可能性が高いということを認識されたと思います。そこで、「一体、どうしたらよいのか」と大抵の人は迷うことでしょう。「危機こそチャンス」とは言っても、具体的にどうすればよいのかわからないというのが本音でしょう。そこで、私・浅井隆が三〇年かけて培ってきたノウハウのエッセンスをすべてお教えしましょう。浅井隆のノウハウを使えばあなたは大資産家になることも可能なのです。

そこで、恐慌時の資産保全についてご興味のある方は、「第二海援隊生き残りセンター」までお問い合わせ下さい。

■お問い合わせ先「第二海援隊生き残りセンター」担当：山内、稲垣、関、齋藤
TEL：〇三（三二九一）六一〇六　FAX：〇三（三二九一）六九〇〇
Eメール：info@dainikaientai.co.jp

厳しい時代を賢く生き残るために必要な情報を収集するために

◆〝恐慌および国家破産対策〟の入口「経済トレンドレポート」

電子版も好評配信中！

皆様に特にお勧めしたいのが、浅井隆が取材した特殊な情報をいち早くお届けする「経済トレンドレポート」です。今まで、数多くの経済予測を的中させてきました。そうした特別な経済情報を年三三回（一〇日に一回）発行のレポートでお届けします。初心者や経済情報に慣れていない方にも読みやすい内

容で、新聞やインターネットに先立つ情報や、大手マスコミとは異なる切り口からまとめた情報を掲載しています。

さらにその中で、恐慌、国家破産に関する『特別緊急警告』『恐慌警報』『国家破産警報』も流しております。「激動の二一世紀を生き残るために対策をしなければならないことは理解したが、何から手を付ければよいかわからない」「経済情報をタイムリーに得たいが、難しい内容には付いて行けない」という方は、最低でもこの経済トレンドレポートをご購読下さい。年間、約四万円で生き残

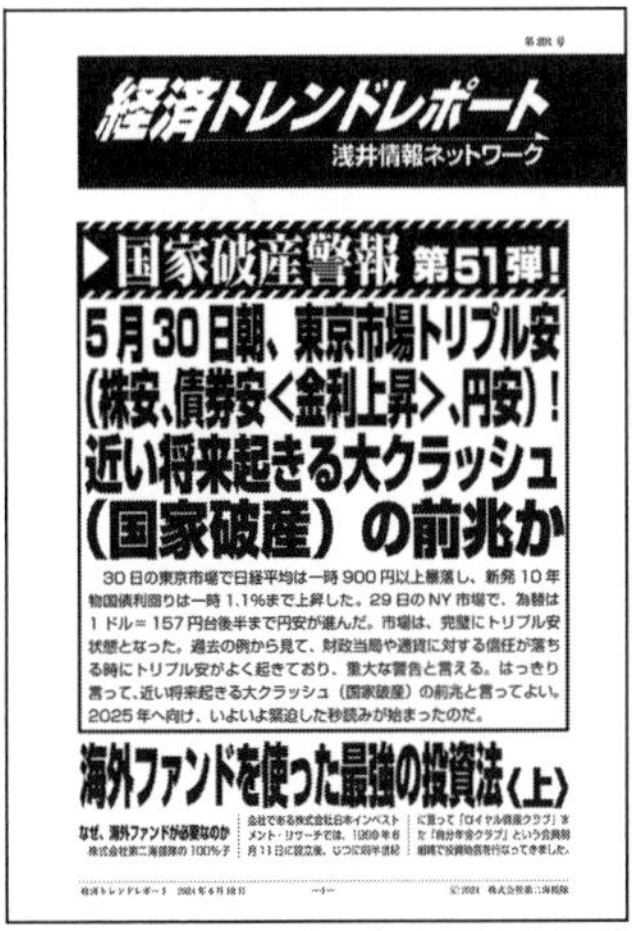

経済トレンドレポート
浅井情報ネットワーク

▶国家破産警報 第51弾！

5月30日朝、東京市場トリプル安（株安、債券安＜金利上昇＞、円安）！近い将来起きる大クラッシュ（国家破産）の前兆か

30日の東京市場で日経平均は一時900円以上暴落し、新発10年物国債利回りは一時1.1%まで上昇した。29日のNY市場で、為替は1ドル＝157円台後半まで円安が進んだ。市場は、完璧にトリプル安状態となった。過去の例から見て、財政当局や通貨に対する信任が落ちる時にトリプル安がよく起きており、重大な警告と言える。はっきり言って、近い将来起きる大クラッシュ（国家破産）の前兆と言ってよい。2025年へ向け、いよいよ緊迫した秒読みが始まったのだ。

海外ファンドを使った最強の投資法〈上〉

なぜ、海外ファンドが必要なのか

2024年6月10日号

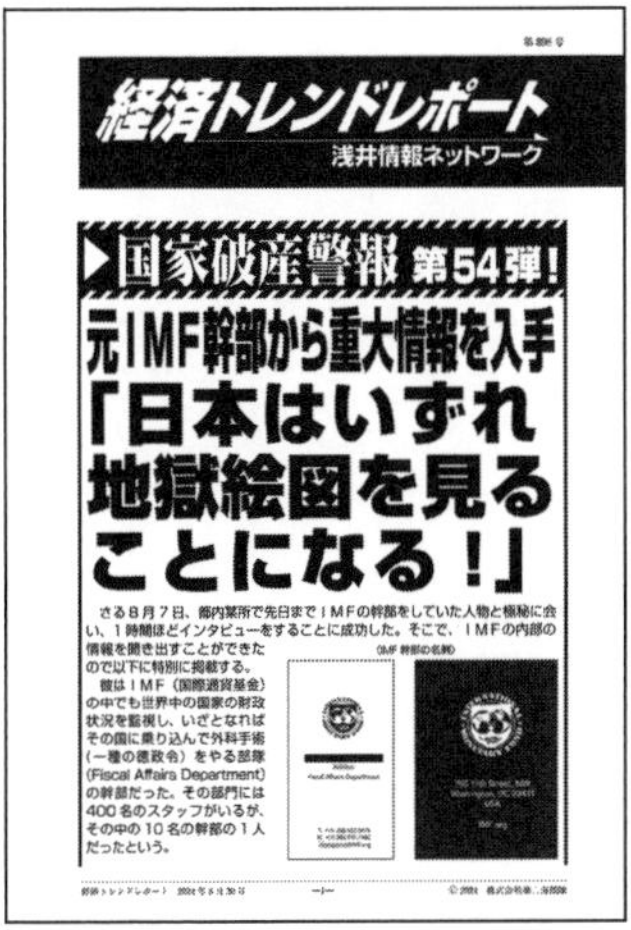

経済トレンドレポート
浅井情報ネットワーク

▶国家破産警報 第54弾！

元IMF幹部から重大情報を入手「日本はいずれ地獄絵図を見ることになる！」

さる8月7日、都内某所で先日までIMFの幹部をしていた人物と極秘に会い、1時間ほどインタビューをすることに成功した。そこで、IMFの内部の情報を聞き出すことができたので以下に特別に掲載する。

彼はIMF（国際通貨基金）の中でも世界中の国家の財政状況を監視し、いざとなればその国に乗り込んで外科手術（一種の徳政令）をやる部隊（Fiscal Affairs Department）の幹部だった。その部門には400名のスタッフがいるが、その中の10名の幹部の1人だったという。

2024年8月30日号

「経済トレンドレポート」は情報収集の手始めとしてぜひお読みいただきたい。

るための情報を得られます。また、経済トレンドレポートの会員になられますと、当社主催の講演会など様々な割引・特典を受けられます。

■詳しいお問い合わせ先は、㈱第二海援隊　担当：島崎

TEL：〇三（三二九一）六一〇六　FAX：〇三（三二九一）六九〇〇

Eメール：info@dainikaientai.co.jp

ホームページアドレス：http://www.dainikaientai.co.jp/

恐慌・国家破産への実践的な対策を伝授する会員制クラブ

◆「自分年金クラブ」「ロイヤル資産クラブ」「プラチナクラブ」

国家破産対策を本格的に実践したい方にぜひお勧めしたいのが、第二海援隊の一〇〇％子会社「株式会社日本インベストメント・リサーチ」（関東財務局長（金商）第九二六号）が運営する三つの会員制クラブ（**「自分年金クラブ」「ロイヤル資産クラブ」「プラチナクラブ」**）です。

まず、この三つのクラブについて簡単にご紹介しましょう。**「自分年金クラ**

ブ」は資産一〇〇〇万円未満の方向け、**「ロイヤル資産クラブ」**は資産一〇〇〇万〜数千万円程度の方向け、そして最高峰の**「プラチナクラブ」**は資産一億円以上の方向け（ご入会条件は資産五〇〇〇万円以上）で、それぞれの資産規模に応じた魅力的な海外ファンドの銘柄情報や、国内外の金融機関の活用法に関する情報を提供しています。

恐慌・国家破産は、なんと言っても海外ファンドや海外口座といった「海外の活用」が極めて有効な対策となります。特に海外ファンドについては、私たちは早くからその有効性に注目し、二〇年以上に亘って世界中の銘柄を調査してまいりました。本物の実力を持つ海外ファンドの中には、恐慌や国家破産といった有事に実力を発揮するのみならず、平時には資産運用としても魅力的なパフォーマンスを示すものがあります。こうした情報を厳選してお届けするのが、三つの会員制クラブの最大の特長です。

その一例をご紹介しましょう。三クラブ共通で情報提供する「ATファンド」は、年率五〜七％程度の収益を安定的に上げています。これは、たとえば年率七％なら三〇〇万円を預けると毎年約二〇万円の収益を複利で得られ、およそ一〇年で資産が二倍になる計算となります。しかもこのファンドは、二〇一四年の運用開始から一度もマイナスを計上したことがないという、極めて優秀な運用実績を残しています。また、恐慌や国家破産などの危機の際に資産を守るには、そのような危機に強いマネージド・フューチャーズ（ＭＦ）戦略の活用が有効です。ＭＦ戦略で運用される代表的なファンド「Ｔファンド」は、リーマン・ショックにより株が大暴落した二〇〇八年には五〇・九％のリターンを叩き出しました。二〇二二年も株式市場の大幅下落を逆手に取り二三・一％というのは非常に高いリターンを上げています。運用の中身はほぼそのままにリスク（値動き）を「Ｔファンド」の半分程度に抑えた「Ｔ―ミニ」（二〇一八年四月運用開始）も、同じく二〇二二年に八・七％のリターンを上げています。日本国内の投資信託などではとても信じられない数字ですが、世界中を見渡せばこうした優れた銘柄はまだまだあるのです。

冒頭にご紹介した三つのクラブでは、「ＡＴファンド」をはじめとしてより高い収益力が期待できる銘柄や、恐慌などの有事により強い力を期待できる銘柄など、様々な魅力を持ったファンド情報をお届けしています。なお、資産規模が大きいクラブほど、取り扱い銘柄数も多くなっております。

また、ファンドだけでなく金融機関選びも極めて重要です。単に有事にも耐え得る高い信頼性というだけでなく、各種手数料の優遇や有利な金利が設定されている、日本に居ながらにして海外の市場と取引ができるなど、金融機関も様々な特長を持っています。こうした中から、各クラブでは資産規模に適した、魅力的な条件を持つ国内外の金融機関に関する情報を提供し、またその活用方法についてもアドバイスしています。

その他、国内外の金融ルールや国内税制などに関する情報など資産防衛に有用な様々な情報を発信、会員の皆様の資産に関するご相談にもお応えしております。浅井隆が長年研究・実践してきた国家破産対策のノウハウを、ぜひあなたの大切な資産防衛にお役立て下さい。

■詳しいお問い合わせは「㈱日本インベストメント・リサーチ」

TEL：〇三（三二九一）七二九一　FAX：〇三（三二九一）七二九二
Eメール：info@nihoninvest.co.jp

他にも第二海援隊独自の〝特別情報〟をご提供

◆浅井隆のナマの声が聞ける講演会

浅井隆の講演会を開催いたします。二〇二五年は大阪・四月一一日（金）、名古屋・五月一八日（日）、東京・五月二三日（金）、札幌・六月一三日（金）で予定しております。経済の最新情報をお伝えすると共に、生き残りの具体的な対策を詳しく、わかりやすく解説いたします。

活字では伝えることのできない、肉声による貴重な情報にご期待下さい。

■詳しいお問い合わせ先は、㈱第二海援隊
TEL：〇三（三二九一）六一〇六　FAX：〇三（三二九一）六九〇〇
Eメール：info@dainikaientai.co.jp

◆「ダイヤモンド投資情報センター」

現物資産を持つことで資産保全を考える場合、小さくて軽いダイヤモンドは持ち運びも簡単で、大変有効な手段と言えます。近代画壇の巨匠・藤田嗣治は太平洋戦争後、混乱する世界を渡り歩く際、資産として持っていたダイヤモンドを絵の具のチューブに隠して持ち出し、渡航後の糧にしました。金《きん》（ゴールド）だけの資産防衛では不安という方は、ダイヤモンドを検討するのも一手でしょう。しかし、ダイヤモンドの場合、金《きん》とは違って公的な市場が存在せず、専門の鑑定士がダイヤモンドの品質をそれぞれ一点ずつ評価して値段が決まるため、売り買いは金《きん》に比べるとかなり難しいという事情があります。そのため、信頼できる専門家や取り扱い店と巡り合えるかが、ダイヤモンドでの資産保全の成否のわかれ目です。

そこで、信頼できるルートを確保し業者間価格の数割引という価格（デパートの宝飾品売り場の価格の三分の一程度）での購入が可能で、ＧＩＡ（米国宝石学会）の鑑定書付きという海外に持ち運んでも適正価格での売却が可能な条件を備えたダイヤモンドの売買ができる情報を提供いたします。

ご関心がある方は「ダイヤモンド投資情報センター」にお問い合わせ下さい。

■お問い合わせ先：㈱第二海援隊　TEL：〇三（三二九一）六一〇六　担当：齋藤
Eメール：info@dainikaientai.co.jp

◆第二海援隊ホームページ

第二海援隊では様々な情報をインターネット上でも提供しております。詳しくは「第二海援隊ホームページ」をご覧下さい。私ども第二海援隊グループは、皆様の大切な財産を経済変動や国家破産から守り殖やすためのあらゆる情報提供とお手伝いを全力で行ないます。

また、浅井隆によるコラム「天国と地獄」を連載中です。経済を中心に長期的な視野に立って浅井隆の海外をはじめ現地生取材の様子をレポートするなど、独自の視点からオリジ

第二海援隊
HPはこちら

ナリティあふれる内容をお届けします。
■ホームページアドレス：http://www.dainikaientai.co.jp/

◆浅井隆が「YouTube」を始めました

（株）第二海援隊の代表であり経済ジャーナリストの浅井隆がいよいよYouTubeを始めました。情報が氾濫する昨今、間違った言説に飛び付くと一夜にして全財産を失うこともあります。二〇〇〇年代から「国家破産」を警告する浅井隆が、今こそ声を大にして警鐘を鳴らします。

ぜひ、インターネットで「YouTube　第二海援隊」と検索してみて下さい。

また、お使いのスマートフォンなどで下の二次元コードを読み込むと、「第二海援隊のYouTubeチャンネル」にアクセスできます。

浅井隆
YouTubeは
こちら

◆「第二海援隊公式LINE」を始めました

二〇二五年一月から「第二海援隊公式LINE」をスタートいたしました。新刊のお知らせ、各種講演会の日程、「浅井隆ブログ」アップなど、第二海援隊の最新情報を定期的に配信して行きます。公式LINEだけの特別な情報もあるかも⁉ 登録方法は下の二次元コードを読み取り、追加ボタンを押すだけで完了です。ぜひご登録お願いいたします。

第二海援隊
公式LINEは
こちら

株で資産を作れる時代がやってきた！
〝四つの株投資クラブ〟のご案内

一「㊙株情報クラブ」

「㊙株情報クラブ」は、普通なかなか入手困難な日経平均の大きなトレンド、現物個別銘柄についての特殊な情報を少人数限定の会員制で提供するものです。

目標は、提供した情報の八割が予想通りの結果を生み、会員の皆様の資産が中長期的に大きく殖えることとです。そのために、日経平均については著名な「カギ足」アナリストの川上明氏が開発した「T1システム」による情報提供を行ないます。川上氏はこれまでも多くの日経平均の大転換を当てていますので、これからも当クラブに入会された方の大きな力になると思います。

また、その他の現物株（個別銘柄）については短期と中長期の二種類にわけて情報提供を行ないます。短期については川上明氏開発の「T14」「T16」という二つのシステムにより日本の上場銘柄をすべて追跡・監視し、特殊な買いサインが出ると即買いの情報を提供いたします。そして、買った値段から一〇％上昇したら即売却していただき、利益を確定します。この「T14」「T16」は、これまでのところ当たった実績が九八％という驚異的なものとなっております（二〇一五年一月―二〇二〇年六月におけるシミュレーション）。

さらに中長期的銘柄としては、浅井の特殊な人脈数人が選び抜いた日・米・中三ヵ国の成長銘柄を情報提供いたします。

クラブは二〇二一年六月よりサービスを開始しており、すでに会員の皆様へ有用な情報をお届けしております。なお、「㊙株情報クラブ」「ボロ株クラブ」の内容説明会を収録したCDを二〇〇〇円（送料込み）にてお送りしますのでお問い合わせ下さい。

皆様の資産を大きく殖やすという目的のこのクラブは、皆様に大変有益な情報提供ができると確信しております。奮ってご参加下さい。

■お問い合わせ先：㈱日本インベストメント・リサーチ「㊙株情報クラブ」
ＴＥＬ：〇三（三二九一）七二九一　ＦＡＸ：〇三（三二九一）七二九二
Ｅメール：info@nihoninvest.co.jp

二「ボロ株クラブ」

「ボロ株」とは、主に株価が一〇〇円以下の銘柄を指します。何らかの理由で売り叩かれ、投資家から相手にされなくなった〝わけアリ〟の銘柄もたくさんあり、証券会社の営業マンがお勧めすることもありませんが、私たちはそこにこそ収益機会があると確信しています。

過去一〇年、〝株〟と聞くと多くの方は成長の著しいアメリカの一九六〇年代の西部劇『荒野の七人』に登場したガンマンたちのように、「マグニフィセント・セブン」（超大型七銘柄。アップル、マイクロソフト、アルファベット、アマゾン・ドット・コム、エヌビディア、テスラ、メタ・プラットフォームズ。一九六〇年代の西部劇『荒野の七人』に登場したガンマンたちから名付けられた）高成長ハイテク企業の銘柄を思い浮かべるのではないでしょうか。実際、これらハイテク銘柄の騰勢は目を見張るほどでした。

一方で、「人の行く裏に道あり花の山」という相場の格言があります。「人はとかく群集心理で動きがちだ。いわゆる付和雷同である。ところが、それでは大きな成功は得られない。むしろ他人とは反対のことをやった方が、うまく行く場合が多い」とこの格言は説いています。

すなわち、私たちはなかば見捨てられた銘柄にこそ大きなチャンスが眠っていると考えています。実際、「ボロ株」はしばしば大化けします。ボロ株クラブは二〇二一年六月より始動していますが、小型銘柄（ボロ株）を中心として数々の実績を残しています。過去のデータが欲しいという方は当クラブまでお電話下さい。

もちろん、やみくもに「ボロ株」を推奨して行くということではありません。弊社が懇意にしている「カギ足」アナリスト川上明氏の分析を中心に、さらには同氏が開発した自動売買判断システム「ＫＡＩ―解―」からの情報も取り入れ、短中長期すべてをカバーしたお勧めの取引（銘柄）をご紹介します。

構想から開発までに十数年を要した「ＫＡＩ」には、すでに多くの判断システムが組み込まれていますが、「ボロ株クラブ」ではその中から「Ｔ８」というシステムによる情報を取り入れています。Ｔ８の戦略を端的に説明しますと、「ある銘柄が急騰し、その後に反落、そしてさらにその後のリバウンド（反騰）を狙う」となります。

これら情報を複合的に活用することで、ＮＩＳＡ（少額投資非課税制度）を利用しての年率四〇％リターンも可能だと考えています。年会費も第二海援隊グループの会員の皆様にはそれぞれ割引サービスをご用意しております。詳しくは、お問い合わせ下さい。また、「ボロ株」の「時価総額や出来高が少ない」という性質上、無制限に会員様を募ることができません。一〇〇名を募集上限（第一次募集）とします。

■お問い合わせ先：㈱日本インベストメント・リサーチ「ボロ株クラブ」
ＴＥＬ：〇三（三二九一）七二九一　ＦＡＸ：〇三（三二九一）七二九二
Ｅメール：info@nihoninvest.co.jp

三「日米成長株投資クラブ」

いまや世界経済は「高インフレ・高金利」に突入しています。大切な資産の防衛・運用も、この世界的トレンドに合わせて考え、取り組むことが重要です。

高インフレ時代には、「守り」の運用だけでは不十分です。リスクを取り、積極的な投資行動を取ることも極めて重要となるのです。この観点からも、「株式投資」はこれからの時代に取り組むべき重要な投資分野と言えます。

浅井隆は、インフレ時代の到来と株式投資の有効性に着目し、二〇一八年から「日米成長株投資クラブ」にて株式に関する情報提供、助言を行なってきました。現代最高の投資家であるウォーレン・バフェット氏とジョージ・ソロス氏の投資哲学を参考として、優良銘柄をじっくり保有するバフェット的発想と、経済トレンドを見据えた大局観の投資判断を行なうソロス的手法によって、「一〇年後に資産一〇倍」を目指して行きます。

経済トレンドについては、テクニカル分析の専門家・川上明氏の「カギ足分析」に加えて、経済トレンドの分析を長年行なってきた浅井隆の知見も融合して行きます。特に、三〇年強で約七割の驚異的な勝率を誇る川上氏の分析は非常に興味深いものがあります。

個別銘柄については、発足以来数多くの銘柄情報にて良好な成績を残しており、会員の皆様に収益機会となる情報をお届けしています。銘柄は低位小型株から比較的大型のものまで幅広く、短期的に連日ストップ高を記録した銘柄もあります。

皆様にはこうした情報を十分に活用していただき、大激動をチャンスに変えて大いに資産形成を成功させていただきたいと考えております。ぜひこの機会を逃さずにお問い合わせ下さい。サービス内容は以下の通りです。

①浅井隆、川上明氏（テクニカル分析専門家）が厳選する国内の有望銘柄の情報提供

②株価暴落の予兆を分析し、株式売却タイミングを速報

③日経平均先物、国債先物、為替先物の売り転換、買い転換タイミングを速報

④バフェット的発想による、日米の超有望成長株銘柄を情報提供

詳しいお問い合わせは「㈱日本インベストメント・リサーチ」

TEL：〇三（三二九一）七二九一　FAX：〇三（三二九一）七二九二

Eメール：info@nihoninvest.co.jp

四「オプション研究会」

二〇二〇年代は、新型コロナウイルスの世界的流行、ロシアのウクライナ侵

攻、中東情勢の緊迫化など「激動の時代」になりつつあります。日本においても、財政危機リスクや台湾有事などの地政学リスク、さらに巨大地震や火山噴火などの天災リスクを抱え、非常に困難な時代となることが予想されます。

こうした激動期には大切な資産も大きなダメージを受けることとなりますが、その一方で激動を逆手に取ることで「千載一遇の投資のチャンス」をつかむことも可能となります。その極めて有望な方法の一つが「オプション取引」です。

「オプション取引」では、短期的な市場の動きに大きく反応し、元本の数十──一〇〇〇倍以上もの利益を生むこともあります。この大きな収益機会は、実は巨大な損失リスクを負わずに、損失リスクを限定しながらつかむことができるのです。激動の時代には、「オプション取引」でこうした巨大な収益機会がたびたび生まれることになります。市場の暴落時のみならず、急落からの大反騰時にもチャンスが生じるため、平時と比べても取り組む価値は高いと言えます。

「オプション取引」の重要なポイントを簡単にまとめます。

- 非常に短期（数日──一週間程度）で、数十倍──数百倍の利益獲得も可能

・「買い建て」限定にすると、損失は投資額に限定できる
・恐慌、国家破産など市場が激動するほど収益機会は増える
・最低投資額は一〇〇〇円（取引手数料は別途）
・株やFXと異なり、注目すべき銘柄は基本的に「日経平均株価」の動きのみ
・給与や年金とは分離して課税される（税率約二〇％）

極めて魅力的な「オプション取引」ですが、投資に当たっては取引方法に習熟することが必須です。オプションの知識の他、パソコンやスマホによる取引操作の習熟が大きなカギとなります。

もし、これからの激動期を「オプション取引」で挑んでみたいとお考えであれば、第二海援隊グループがその習熟を「情報」と「助言」で強力に支援いたします。「オプション研究会」では、「オプション取引」はおろか株式投資など他の投資経験もないという方にも、取引操作から基本知識、さらに投資の心構え、市況変化に対する考え方や収益機会のとらえ方など、初歩的な事柄から実践までを懇切丁寧に指導いたします。

さらに、「オプション研究会」では、「三〇％複利戦法」をはじめとして参考となる投資戦略も情報提供しています。こうした戦略もうまく活用することで、「オプション取引」の魅力を実感していただきます。これからの激動の時代を、チャンスに変えたいとお考えの方のご入会を心よりお待ちしております。

※なお、オプション研究会のご入会には、「日米成長株投資クラブ」の会員であることが条件となります。また、ご入会時には当社規定に基づく審査があります。あらかじめご了承下さい。

㈱日本インベストメント・リサーチ オプション研究会」担当 山内・稲垣・関
ＴＥＬ：〇三（三二九一）七二九一　ＦＡＸ：〇三（三二九一）七二九二
Ｅメール：info@nihoninvest.co.jp

◆「オプション取引」習熟への近道を知るための「セミナーDVD」発売中（二〇二四年五月二四日収録版）

「オプション取引について詳しく知りたい」「『オプション研究会』について理

解を深めたい」という方のために、その概要を知ることができる「DVD／CD／動画配信」を用意しています。

■「オプション説明会DVD／CD／動画配信」■

「オプション説明会」の模様を収録したDVD／CD／動画配信です。浅井隆が信頼する相場のチャート分析を行なう川上明先生にもご登壇いただきました。ぜひご入手下さい。価格（DVD／CD／動画配信）三〇〇〇円（送料込）

■「オプション研究会」に関するお問い合わせは「㈱日本インベストメント・リサーチ　オプション研究会　担当」まで。

TEL：〇三（三二九一）七二九一　FAX：〇三（三二九一）七二九二

Eメール：info@nihoninvest.co.jp

◆浅井隆が発行人となる新ウェブサイト「インテリジェンス・ニッポン」配信開始

山積する日本の課題を克服するため、問題の所在を解明し、解決策を示して行くオピニオン・メディアを創りたい。この長年の浅井隆の夢が、二〇二四年七月に実現しました。新ウェブサイトは「インテリジェンス・ニッポン」です。「インテリジェンス（Intelligence）」は「（優れた）知性」を意味します。政治経済はじめ様々な分野で行き詰まっている日本について、冷静に、総合的に、まさに「インテリジェンス」を持って考え、「新生日本」を目指す解決の方向を示して行こうというのが、このウェブサイトです。

浅井はじめ大手新聞社や出版社のベテラン編集者が、時代の本質を的確にとらえた論者や評論、ニュースをわかりやすく紹介します。テーマは広い意味での政治、経済を二本柱とし、教育、文化など幅広く取り上げます。原則として毎月二回更新（第二、第四木曜）し、誰でも無料でアクセスできます。

ぜひ一度ご覧になって下さい。

■ホームページアドレス：http://www.intelligence-nippon.jp/

インテリジェンス・ニッポン
HPはこちら

■経済ジャーナリストとして

国際軍事関係の取材を続ける中、「冷戦も終わり、これからは軍事ではなく経済の時代」という友人の編集者の言葉が転機となり、経済に関する勉強を重ねる。1990年東京市場暴落の謎に迫る取材で、一大センセーションを巻き起こす。当時、一般には知られていない最新の金融技術を使って利益を上げた、バブル崩壊の仕掛け人の存在を暴露するレポート記事を雑誌に発表。当初は誰にも理解されなかったが、真相が知れ渡るにつれ、当時の大蔵省官僚からも注目されるほどになった。これをきっかけに、経済ジャーナリストとして、バブル崩壊後の超円高や平成不況の長期化、金融機関の破綻など数々の経済予測を的中させたベストセラーを多発した。

■独立

1993年「大不況サバイバル読本―'95年から始まる"危機"を生き残るために」が十数万部のベストセラーとなり、独立を決意。1994年に毎日新聞社を退社し、浅井隆事務所を設立。執筆・講演会・勉強会などの活動を行なう。

■（株）第二海援隊設立

1996年、従来にない形態の総合情報商社「第二海援隊」を設立。以後その経営に携わる一方、精力的に執筆・講演活動を続ける。2005年7月、日本を改革・再生することを唯一の事業目的とする日本初の株式会社「再生日本２１」を立ち上げる。

■主な著書

『大不況サバイバル読本』『日本発、世界大恐慌！』（徳間書店）『95年の衝撃』（総合法令出版）『勝ち組の経済学』（小学館文庫）『次にくる波』（PHP研究所）『HuMan Destiny』（『9・11と金融危機はなぜ起きたか!?〈上〉〈下〉』英訳）『いよいよ政府があなたの財産を奪いにやってくる!?』『徴兵・核武装論〈上〉〈下〉』『最後のバブルそして金融崩壊『国家破産ベネズエラ突撃取材』『都銀、ゆうちょ、農林中金まで危ない!?』『巨大インフレと国家破産』『年金ゼロでやる老後設計』『ボロ株投資で年率40%も夢じゃない!!』『2030年までに日経平均10万円、そして大インフレ襲来!!』『コロナでついに国家破産』『老後資金枯渇』『2022年インフレ大襲来』『2026年日本国破産〈警告編〉〈あなたの身に何が起きるか編〉〈現地突撃レポート編〉〈対策編・上／下〉』『極東有事――あなたの町と家族が狙われている！』『オレが香港ドルを暴落させる　ドル/円は150円経由200円へ！』『巨大食糧危機とガソリン200円突破』『2025年の大恐慌』『1ドル＝200円時代がやってくる!!』『ドル建て金持ち、円建て貧乏』『20年ほったらかして1億円の老後資金を作ろう！』『投資の王様』『国家破産ではなく国民破産だ！〈上〉〈下〉』『2025年の衝撃〈上〉〈下〉』『あなたの円が紙キレとなる日』『ドルの正しい持ち方』『超円安 国債崩壊 株大暴落』『株高は国家破産の前兆』『太陽嵐2025年』『2025年の大崩壊』『国家破産であなたの老後資金はどうなる!?〈上〉〈下〉』（第二海援隊）など多数。

〈著者略歴〉

浅井　隆　（あさい　たかし）

■学生時代
高校時代は理工系を志望。父と同じ技術者を目指していたが、「成長の限界」という本に出会い、強い衝撃を受ける。浅井は、この問題の解決こそ“人生の課題”という使命感を抱いた。この想いがのちの第二海援隊設立につながる。人類の破滅を回避するためには、科学技術ではなく政治の力が必要だと考え、志望先を親に内緒で変えて早稲田大学政治経済学部に進む。 在学中に環境問題を研究する「宇宙船地球号を守る会」などを主宰するも、「自分の知りたいことを本当に教えてくれる人はいない」と感じて大学を休学。「日本を語るにはまず西洋事情を知らなくては」と考え、海外放浪の旅に出る。 この経験が「何でも見てやろう、聞いてやろう」という“現場主義”の基礎になる。

■学生ビジネス時代
大学一年の時から学習塾を主宰。「日本がイヤになって」海外を半年間放浪するも、反対に「日本はなんて素晴らしい国なのだろう」と感じる。帰国後、日本の素晴らしさを子供たちに伝えるため、主催する学習塾で“日本の心”を伝える歴史学や道徳も教える。ユニークさが評判を呼び、学生ビジネスとして成功を収める。 これが歴史観、道徳、志などを学ぶ勉強会、セミナーの原型となった。

■カメラマン時代
学生企業家として活躍する中、マスコミを通して世論を啓蒙して行こうと考え、大学７年生の時に中退。毎日新聞社に報道カメラマンとして入社。 環境・社会問題の本質を突く報道を目指すも、スキャンダラスなニュースばかりを追うマスコミの姿勢に疑問を抱く。しかし先輩から、「自分の実力が新聞社の肩書きを上回るまで辞めてはならん」との言葉を受け発奮、世界を股に掛ける過酷な勤務をこなす傍ら、猛勉強に励みつつ独自の取材、執筆活動を展開する。冷戦下の当時、北米の核戦争用地下司令部「ＮＯＲＡＤ」を取材。
核問題の本質を突く取材をしようと、ＮＯＲＡＤ司令官に直接手紙を書いた。するとアメリカのマスコミでさえ容易に取材できないＮＯＲＡＤでは異例の取材許可が下りた。ところが上司からはその重要性を理解されず、取材費は出なかった。そこで浅井は夏休みを取り、経費はすべて自腹で取材を敢行。これが転機となって米軍関係者と個人的なコネクションができ、軍事関係の取材を精力的に行なう。

〈参考文献〉

【新聞・通信社】

『日本経済新聞』『朝日新聞』『読売新聞』『ブルームバーグ』『ロイター』

【拙著】

『大恐慌サバイバル読本〈下〉』（第二海援隊）
『2014年日本国破産〈対策編③〉』（第二海援隊）
『都銀、ゆうちょ、農林中金まで危ない⁉』（第二海援隊）
『第２のバフェットか、ソロスになろう‼』（第二海援隊）
『2020年世界大恐慌』（第二海援隊）『投資の王様』（第二海援隊）
『20年ほったらかして１億円の老後資金を作ろう！』（第二海援隊）
『200万円を５年で50億円にする方策』（第二海援隊）
『世界同時破産！』（第二海援隊）

【その他】

『経済トレンドレポート』『ロイヤル資産クラブレポート』

【ホームページ】

フリー百科事典『ウィキペディア』
『FRB』『ウォール・ストリート・ジャーナル』『ニューズウィーク』
『プレジデント・オンライン』『プレジデント・ウーマン・オンライン』
『東洋経済オンライン』『ジャパンビジネスプレス』
『株式マーケットデータ』『NHK』『テレ朝News』『BBC』『Youtube』

恐慌目前！

2025年4月2日　初刷発行

著　者　浅井　隆
発行者　浅井　隆
発行所　株式会社　第二海援隊
〒101-0062
東京都千代田区神田駿河台２-５-１　住友不動産御茶ノ水ファーストビル８Ｆ
電話番号　03-3291-1821　　ＦＡＸ番号　03-3291-1820

印刷・製本／株式会社シナノ

 ISBN978-4-86335-251-3

Printed in Japan

第二海援隊発足にあたって

日本は今、重大な転換期にさしかかっています。にもかかわらず、私たちはこの極東の島国の上で独りよがりのパラダイムにどっぷり浸かって、まだ太平の世を謳歌しています。

しかし、世界はもう動き始めています。その意味で、現在の日本はあまりにも「幕末」に似ているのです。ただ、今の日本人には幕末の日本人と比べて、決定的に欠けているものがあります。それこそ、志と理念です。現在の日本は世界一の債権大国（＝金持ち国家）に登り詰めはしましたが、人間の志と資質という点では、貧弱な国家になりはててしまいました。それこそが、最大の危機といえるかもしれません。

そこで私は「二十一世紀の海援隊」の必要性を是非提唱したいのです。今日本に必要なのは、技術でも資本でもありません。志をもって大変革を遂げることのできる人物と、それを支える情報です。まさに、情報こそ〝力〟なのです。そこで私は本物の情報を発信するための「総合情報商社」および「出版社」こそ、今の日本に最も必要と気付き、自らそれを興そうと決心したのです。

しかし、私一人の力では微力です。是非皆様の力をお貸しいただき、二十一世紀の日本のために少しでも前進できますようご支援、ご協力をお願い申し上げる次第です。

浅井　隆